桌球運動選手背景變項與團隊凝聚力關係之研究

A Study of The Relationship Between Table Tennis Players'
Background Variables and Group Cohesiveness

白慧嬰　著

目　次

圖目次

表目次

摘　要

本研究旨在探討桌球運動之團隊凝聚力與選手背景變項（包括選手個人成績表現）的關係，選取國內一所大學，四所高中及一所國中之桌球校隊選手，男、女選手共 77 人（有效問卷為 73 人）。先施以「運動團隊凝聚力因素分析問卷」調查，所得資料再以單因子變異數分析來驗證「選手背景變項」與「團隊凝聚力」之關係，結果發現：

一、不同年齡層、兄弟姊妹人數、父母教育程度、父母職業、家庭年總收入、實際參與運動年數、有無參加過全國性比賽及個人成績表現等 8 項的桌球選手其團隊凝聚力沒有差異。

二、全部不同性別的桌球選手，在「社會凝聚力」及「凝聚力總分」項目上；以及高中組不同性別的桌球選手，在「社會凝聚力」、「工作凝聚力」及「凝聚力總分」項目上，女性桌球選手之得分均顯著高於男性桌球選手。

三、全部開始練習年齡不同的桌球選手，在「社會凝聚力」、「工作凝聚力」及「凝聚力總分」等項目，以及高中組開始練習年齡不同的桌球選手，在「工作凝聚力」及「凝聚力總分」等項目，7～10 歲組桌球選手之得分均顯著高於

11～12 歲組桌球選手。

　　四、高中組每週參與球隊活動時數不同的桌球選手，在「社會凝聚力」項目，每週參與時數 4～7 天桌球選手之得分顯著高於每週參與 1 小時以下桌球選手。

　　五、大專組參加比賽總場次不同的桌球選手，在「社會凝聚力」項目，比賽場次 300 場以上桌球選手之得分顯著高於 10～50 場桌球選手。

　　六、在「社會凝聚力」項目，大專組桌球選手之得分顯著高於高中組桌球選手；在「工作凝聚力」項目則是社會甲組桌球選手之得分顯著高於高中組桌球選手。

　　基於以上事實及相關文獻探討，我們可以說桌球運動之團隊凝聚力與選手背景變項「部份」有相關。另外，本研究發現較早開始練球的桌球選手有較高的團隊凝聚力；因此球隊想要有較高的團隊凝聚力，應選擇年紀較輕即已開始開始練球的桌球選手。

　　關鍵詞：桌球運動選手、背景變項、團隊凝聚力

ABSTRACT

This research explores the relationship between table tennis players' background variables (including player's personal achievement displays) and group cohesiveness. The survey data were collected from 77 (effective questionnaire is 73) table tennis players of one university, four high schools and one junior middle school. All players were administered a investigate of「Sport Group Cohesiveness factor analysis questionnaire」.

This research applied one-way analysis of variance to analyze data. The findings were as follow:

1. There were no difference on table tennis players of group cohesiveness between different age levels, siblings' number, parents' education degree, parents' job, family's annual gross income, participate in sport years number, participate in nationwide match and personal achievement.

2. Table tennis players of all different sex, in 「social cohesiveness」and 「the total points of cohesiveness」 items; and table tennis players of different sex of high school, in 「social cohesiveness」,「work cohesiveness」 and 「cohesiveness total points」 items, women table tennis players have more apparent higher scores than male table

tennis players.

3. Table tennis players of all different begin exercise age, in 「social cohesiveness」,「work cohesiveness」 and 「total points of cohesiveness」 items; and table tennis players of different begin exercise age of high school, in 「work cohesiveness」 and 「cohesiveness total points」 items, 7~10 years old table tennis players, have more apparent higher scores than 11~12 years old table tennis player.

4. Table tennis players of different hours on participate the team activity every week of high school, in 「work cohesiveness」 item, table tennis players of 4~7 days on participate the team activity every week, have more apparent higher scores than table tennis player of less than an hour on participate the team activity every week.

5. Table tennis players of different total races number of university, in 「socil cohesiveness」 item, table tennis players of total races number excess than 300, have more apparent higher scores than table tennis player of total races number 10~50.

6. In 「socil cohesiveness」 item, table tennis players of university, have more apparent higher scores than table tennis player of high school；and in 「work cohesiveness」 item, table tennis players of "social A", have more apparent higher

scores than table tennis player of high school.

According to above fact and related documents study, we may be say that "There were partial related between table tennis players' background variables and group cohesiveness."

Additionally, our research find out the table tennis player with younger age to start practice have higher group cohesiveness, therefore the table tennis team want to have higher group cohesiveness should choose the table tennis player with younger age to start practice.

Keyword: table tennis player, Background variables,
         group cohesiveness

第一章　緒論

第一節　問題背景

　　在人類社會中，每個人均是某個團體（隊）的成員，小至家庭、社團組織、運動團體、公司企業；大到學校、社區、鄉鎮縣市，甚至整個國家都可視為一種團體（隊）組織。而一個組織的績效是否良好，團隊的生存發展是否無礙，團隊氣氛是否和樂，團隊成員相處是否愉快的關鍵；除了領導者個人的資質能力及領導風格外，最重要的莫過於所謂的「團隊凝聚力」。

　　組織成員之間的團隊凝聚力是促使團隊工作有效率的主要因素（Yalom，1995）。從研究團隊的角度來看，團隊的維持與發展，有賴於團隊凝聚力功能的發揮。一個有凝聚力的團體，會在團體成員中形成一種心理上的關係（Back，1951），在高度團隊凝聚力下的團隊成員，其溝通的頻度較高，不斷輪流地在溝通，其交流的品質較好，而且會有較為正向的溝通內容和行為（McGrath，1990；Lott & Lott，

1961），Carron（1982）認為影響凝聚力的因素分別有情境
（environment）、個人（personal）、領導（leadership）及
團隊（team），就社會認同理論的角度來看，團隊中的個別
成員必須凝聚共識，提升個人對團隊認同感，並且能夠扮好
個人角色，在內在心理及外在行為上都能朝向達到團隊目標
的方向而努力；如此，團隊才能穩健的生存發展。

　　多數運動活動均包含團體（或團隊）；即使所謂的個人
運動也是以團隊比賽來發揮。例如：徑賽的接力比賽或體操
的團隊比賽，毫無疑問的，職業籃球隊或青少年足球隊更是
一個團隊。然而，團隊在他們相互依存的程度上有很大的差
異。有些團隊，基本上是個別選手的集團，他們是在相同國
家、州（縣、市）或俱樂部的旗幟下參賽，例如：奧運游泳
隊及桌球隊等；然而，有些運動就要求團隊成員有高度的依
存性，例如：足球、籃球、排球等。其他運動例如：板球運
動是混和個人技能表現和互動的活動，隨著每位個體努力奉
獻來幫助團隊的成功。因此，McGrath（1984）和Shaw（1976）
等學者均同意聚集的個體未必是一個團隊。互動模式是一個
團體的主要特徵，團體成員必須彼此認識，某些方面彼此相
關，並又透過團隊的進行，彼此有能力發生交互作用（Gill，
1986）。

　　團隊運動模式有各種不同的名稱，像團體精神、團隊文

化、融合、凝聚力和士氣（林清和，民 90），在此我們以
「凝聚力」代表之。多年來，許多教練主張團隊和諧是導致
團隊成功的基本要素；因此，他們使用技術確保選手之間的
團隊精神（凝聚力）。於是，孕育團隊精神（凝聚力）成為
教練的主要工作。

由上所述可知，團隊精神（凝聚力）是一種「協同作用」
（Synergy）和「人的群集」的組合。在此界定裡，可以發
現兩個事實，第一個事實，它是製造一群個體的能量，所有
的力量和能力結合起來是大於整體的總和；第二個事實，它
是被該團隊的各位成員體驗到歸屬感（syer，1991），一支
具有團隊精神（凝聚力）的隊伍可以提供個別成員兩個很大
的資產；它是及時解決壓力的額外資源以及對個人技能表現
提供清楚的回饋。由於競技比賽的的表演具有身體、技術、
情緒和心智的成分，一種完整光譜的誠實回饋（a whole
spectrum of honest feedback）是必要的。但是，唯有當團隊
成員體驗到信任、尊重和團隊精神（凝聚力）時，才會給予
誠實的回饋（摘自 Bul，1991）。

成功的團隊經常考慮團隊徵募新成員的取向和競爭能
力，都不情願選取那些具有才能卻顯示出很難符合團隊需求
的選手。而是如同 Muddux（1986）所建議，選擇那些可與
其他人工作的人們，以建立團隊的基石（林清和，民 90）。

任何人只要參與任何運動團隊就會知道凝聚力的價值。教練希望發展他們隊上的凝聚力，由於他們相信有凝聚力的團隊比賽的勝算較大。人們常常讚美和諧、協調合作、和成功團隊的凝聚力，尤其是當隊上沒有個別的超級明星時，團隊的勝算更大。相對地，當團隊中有能力的個人未達到適當的期望時，就會被認為與團隊不合或缺少凝聚力。由此可知，凝聚力是運動領域中最受歡迎的主題（Gill，1986）。

Carron（1982）認為凝聚力真正涵義應包括兩個層面，一為團隊目標的完成，二為團隊內或人與人之間的親密程度。Mikalachki（1969）提出的觀點認為，凝聚力應分為兩部份：即社會凝聚力（social cohesion）和工作凝聚力（task cohesion）。所謂的「社會凝聚力」指隊中的每一成員互相喜歡對方並且接納對方成為自己隊上一員的程度；而所謂的「工作凝聚力」是指一個團體中的所有成員，可以在一起合作完成某特定任務的力量。

Brawley，Carron 和 Widmeyer（1987）以大專團隊性和個人性運動項目選手為對象，研究結果指出：團隊性運動項目和個人性運動項目之間，其團隊的凝聚力有差異，在個人性的運動項目，其舊有的選手和新加入的選手所知覺到的團隊凝聚力有差異。而就運動本身的性質也直接影響到團隊凝聚力與成績表現的關係，一些運動項目如射箭、保齡球、田

賽項目、高爾夫、來福槍射擊、滑雪、滑雪跳躍與角力等比
賽過程需獨力完成，凡是不需要隊員間交互作用者，便能完
成競賽過程的協力運動（coactive sports），彼此依賴性低的
運動項目，自然社會凝聚力的需求便低；有些運動屬於交互
作用運動（interactive sports）項目如籃球、曲棍球、橄欖球、
足球、手球、排球等，需要隊員間交互作用才能完成競賽過
程並獲得勝利者，其相互依賴性高，其社會凝聚力的需求也
相對提高。因此，依運動的性質不同，對於團隊整體所需的
凝聚力就有所差異。

　　所以，團隊凝聚力對於交互作用運動的運動員而言，團
體基於和諧共存而必須具備社會凝聚力；反之，團隊凝聚力
對於協力運動的運動員而言，隊員間較不需要社會凝聚力，
相對的需要具備較高的工作凝聚力，才能達成團體的任務。
而在混和性運動（協力與交互作用運動）項目中如：棒（壘
球）、徑賽接力、拔河、游泳等，其屬中度依賴性的運動，
其社會凝聚力與工作凝聚力對運動表現的情形為何？有待
更進一步之研究與資證（劉選吉，民90）。

　　根據過去相關文獻得知，桌球運動係屬於混合共作性團
隊性質，具有中等的交互任務依賴程度，與需要中等的團隊
凝聚力（LeUnes & Nation，1989），然目前尚無相關實證研
究支持此種說法。又 Reis & Jeisma（1978）指出，男、女性

別對於競爭性運動所持的基本態度並不相同，由於男性對於競爭、勝利、擊敗對手，含有較強的認可，而相較之下女性則對參與性、與隊友或敵友間的相互交流即是團隊社交會有較強的認可（盧素娥，民 84）。因此，在性別上的差異，亦將形成不同型態的團隊凝聚力。其次，角色的表現亦與凝聚力有相關存在（Hackr & Williams, 1981; Martens & Peterson, 1971）。Bass（1962）亦提出相同的結論，其認為在凝聚力較高的團隊中，團隊成員對其角色會有較佳的瞭解及接受與表現（轉引自莊豔惠，民 86，頁 28）。此外，亦有研究顯示：先發球員較替補球員知覺到較高的團隊凝聚（Westre & Weiss，1991）。換言之，在團隊中成員因能力差異而致使其所擔任之角色與角色所賦予之任務及機能各有所不同，如團隊成員能瞭解、接受該角色所需承擔的任務，將有助於團隊凝聚力的形成與團隊效能的提昇（吳慧卿，民 90）。

由上所述可知運動選手背景變項與團隊凝聚力有相關存在，希望能夠透過本研究的實施以瞭解現存於桌球運動中的凝聚力型態，再與選手個人成績表現對照，而嘗試由研究結果中釐清桌球運動之團隊凝聚力與選手背景變項（包括選手個人成績表現）的關係，以期對於我國發展桌球運動有所貢獻。

第二節　研究目的

　　根據以上所述，本研究之目的為藉著對國中、高中及大學之桌球校隊選手實施「運動團隊凝聚力因素分析問卷」調查，探討桌球運動之團隊凝聚力與選手背景變項（包括選手個人成績表現）的關係，以作為我國發展桌球運動之參考。

第三節　研究問題

　　針對本研究之目的，所提出研究問題如下：

一、不同年齡層的桌球選手其團隊凝聚力是否有差異？

二、不同性別的桌球選手其團隊凝聚力是否有差異？

三、兄弟姊妹人數不同的桌球選手其團隊凝聚力是否有差異？

四、父母教育程度不同的桌球選手其團隊凝聚力是否有差異？

五、父母職業不同的桌球選手其團隊凝聚力是否有差異？

六、家庭年總收入不同的桌球選手其團隊凝聚力是否有差異？

七、開始練習年齡不同的桌球選手其團隊凝聚力是否有
差異？

八、實際參與運動年數不同的桌球選手其團隊凝聚力是
否有差異？

九、每週花費於球隊活動時間不同的桌球選手其團隊凝
聚力是否有差異？

十、參加比賽總場次不同的桌球選手其團隊凝聚力是否
有差異？

十一、有無參加過全國性比賽的桌球選手其團隊凝聚力
是否有差異？

十二、個人成績表現不同的桌球選手其團隊凝聚力是否
有差異？

第四節　研究範圍與限制

一、研究範圍

本研究旨在探討桌球運動之團隊凝聚力與選手背景變
項（包括選手個人成績表現）的關係，研究對象為一所國中、

四所高中及一所大學之桌球校隊選手，結果的推論範圍亦限
於此。

二、研究限制

　　本研究採問卷調查法，基於問卷屬於自陳量表，研究者
無法控制受試者據實作答，僅能假設所有受調查者均依據現
有真實狀況作答。

第五節　名詞解釋

一、桌球運動選手

　　本研究之桌球運動選手為國內一所大學，四所高中及一
所國中之桌球校隊選手，男、女選手共 77 人（有效問卷為
73 人）。

二、背景變項

　　本研究之背景變項包括桌球運動選手之：年齡、性別、

兄弟姊妹人數、父母教育程度、父母職業、家庭年總收入、開始練習年齡、實際參與運動年數、每週花費於球隊活動時間、參加比賽總場次、有無參加過全國性比賽及個人成績表現等 12 項。

三、團體（隊）

團體最基本的型態是兩個或兩個以上的人，同時出現在同一地點（李茂興和余伯泉，民 84）。但是 carwright & Zander（1986）則界定團隊「為一群彼此有關係的個體聚集在一起，並又延伸他們的依存關係到某種有意義的程度。」即一個團體的關鍵在要求互動、彼此察覺、相互依存和持續一段時間。後來，Mcgrath（1984）也指出，「團隊是社會的集合體，含有相互認識和潛在的交互作用」。但是個體的聚集對團體的組成並不是必然的（Zander,1982）。例如：好幾位登山者碰巧在山上遇見，彼此沒有關係，沒有交互作用，因此不是團體；反之，一群長跑愛好者每天傍晚聚集在田徑場上一起接受長跑訓練，他們分擔目的（為比賽而訓練），他們彼此認識（他們隸屬於相同的長跑俱樂部），並且他們彼此有互動（他們彼此配速和有相同的教練與訓練計畫），這就是團體（林清和，民 90）。

四、凝聚力

　　Festingen，Chachter & Back（1963）對凝聚力所下的古老定義：「影響個人歸屬於個體的統合性力量」。多數學者建議以：「對團體的吸引力」做為凝聚力的界定，而 Carron（1982）對凝聚力界定為：「對追求團隊的目的和目標，反映出固定不離和保持團結一致的動力性過程的傾向」。接著，Carron（1984）更進一步的界定凝聚力是：「個體想要保留在團隊中的一部份的那種歸屬感和個體被團隊吸引力的程度」。最後，Carron（1993）下結論：「團隊凝聚力和團體是重複的，如果一個團體存在，凝聚力就會呈現」。有了凝聚力團隊就不分心，同時，可以堅持專注在他們的團隊目標上，以免瓦解（Brawley，Carron & Widmeyer，1988）。有兩種不同形式的凝聚力已被研究者確認，他們包括「社會凝聚力」（social cohesion）和「工作凝聚力」（task cohesion）（Widmeyer et al.，1992）。

　　（一）社會凝聚力：即人與人之間的吸引力，它反映出該團隊成員彼此喜歡的程度和彼此交往的樂趣，以及團體允許個體達成熱望目標的程度（Brawley，1990；Carron，1988）。

　　（二）工作凝聚力：即選手客觀評估他們的團隊綜合努力或團隊工作的程度。換言之，該團隊成員聚集在一起工

作，完成一個特殊目標和認同工作的程度（Brawley，1990；
Carron，1988）。多數有組織的運動團隊以順利完成工作，
做為選擇團隊成員和訓練組織的基礎（Brawley，Carron ＆
Widmeyer，1987）。

　　好幾個因素影響社會和工作凝聚力，這些包括團隊成員
的特徵、團體的特徵、和根據團體的情境經驗（Widmeyer et
al.，1985）。

第二章　理論基礎與文獻探討

本研究的理論基礎與文獻探討將分成：第一節、團隊凝聚力的意義及重要性；第二節、團隊凝聚力的概念體系及模式；第三節、團隊凝聚力的形成；第四節、影響團隊凝聚力的因素；第五節、團隊凝聚力的測量；第六節、團隊凝聚力的相關研究；第七節、本章小結，分別陳述與探討。

第一節　團隊凝聚力的意義及重要性

一、團隊凝聚力的起源與定義

凝聚力（cohesion）一詞源起於拉丁文「cohaesus」，表示結合或黏在一起的意思，而其所表達的是在團體互動中最具影響力的特質，它是一種動態的過程（吳慧卿，民 90）。團隊凝聚力（group cohesiveness）的研究已經有很長一段時間了，是由 McDougall 於 1908 年率先提到「一種團體合群的直覺」而成（譚愷悌，民 92）。團體凝聚力在 1950 以前

沒有有系統的研究，直到 Festinger 在 1950 年開始研究調查
團體凝聚力與其它團體過程變項的關係，之後團體凝聚力這
個題目，變成社會心理學家研究且流行領域，到了 1960 年
中期凝聚力的研究則幾乎乾涸，變成大家「遺忘」的主題，
直到最近十幾年才再度興起研究團體凝聚力（Cota，
Longman，Evans & Dion，1995）。在團體進行的過程中，
團體凝聚力對於團體的成功或失敗具有相當大的影響。所
以，團體凝聚力是維持團體的過程、以及團體目標達成的重
要因子（周桂如，民 91）。

在 1950 至 1970 年間，團體凝聚力的定義被多位學者提
出，對於凝聚力一詞或因其研究所需、立場不同等因素而有
不同的解釋；以下則從社會心理學家與運動心理學者們對凝
聚力的定義，做一綜合的論述（王梅子，民 83）：

（一）社會心理學家們的定義：

1. 團體的凝聚力根據羅賓森的定義是「成員互相吸引並共
享團體目標的程度」。也就是說，團體目標與成員個人
的目標愈一致，成員相互吸引力愈大，則凝聚力愈大（蔡
承治，民 78）。

2. 根據李美枝（民 80）的定義認為：「係指團體吸引全

體成員力量的總和，或全體成員欲留在團體內的動機強度。

3. 在早期工業界對工作團體的研究，喜歇爾（Seashore，1954）提出團體可使個體在實際情況下產生力量，同時團體給予個體滿足感與獎勵，團體中成員關係的滿足，是形成合作關係基本的需求，同時團體也可對個體的敵意與攻擊做防範。

4. 高斯與馬丁（Gross & Martin，1952）定義為：「防止團體崩潰的力量」，此定義強調團體的結構勝於強調人際間的吸引。

因此社會心理學方面主要在強調，成員對團隊的留職意願以及工作績效的達成，我們再由運動學者們的定義做一探討：

（二）運動心理學者們的定義：

1. 費丁格（Festinger et a1.，1950）將凝聚力定義成為：「影響團體成員留在團體中的整體力量」。但此定義只侷限於社會關係層次上，忽略了作業時的凝聚。

2. 李伯（Libo，1953）定義為：「團體的吸引力」。

3. 伯根與國柯貝克（Van Bergen & Koekebakker，1959）
   定義為：「個體在工作中感情交互作用的影響，來留在
   團體或離開」。

4. 卡萊特和詹德（Cartwright & Zander，1960）將團隊的
   吸引力化成四種可操作的變數，(1)吸引力的動因（his
   motive base for attraction）；(2)團體特性的誘因（the
   incentive proper-perties of the group）；(3)期望（his
   expectancy）；(4)比較的水準（his comparison level）。

5. 漢斯童和思敏（Hagstrom & Selvin）以因素分析的方式
   提出有社會計量凝聚（sociometric cohesion）與社會滿
   足（social satisfication）兩個因素。

6. 米卡拉七（Mikalach1，1969）將凝聚力分成作業凝聚
   與社會凝聚。

7. 伊凡和塔緯士（Evans & Tarvis，1980）認為凝聚力是
   成員間的親密性和團結在一起。認為凝聚力是團隊的一
   種現象，可能對團隊目標的達成有相當的重要性，而團
   隊的吸引力是指，成員對團隊的感覺，這種感覺可以許
   多方式來表達，這對個體目標的達成有許多的影響。

8. 卡隆（Carron，1982）對凝聚力做一較完整的定義為：
   「能反映團體為追求其目標或目的而凝結在一起，並維
   持在一起的傾向的動態過程」。之後卡隆與威德梅爾以

及包威利（W.N.Widmeyer & L.R. Brawley）發展團體環境問卷來瞭解運動團隊的凝聚力，分析出團隊中有四種因素分別為個體對團隊作業的吸引、個體對社會團隊的吸引、團體作業整合以及團體社會整合，以此四種因素來瞭解團隊成員對團隊凝聚的知覺。

近十數年來國內亦有許多學者對團隊凝聚力進行研究，亦紛紛下了各種定義，茲綜述如下：

（三）近十數年來國內學者們的定義：

1. 黃金柱（民75）指出：「凝聚力是團體生命的重要層面」。
2. 王加微（民 80）認為：「群體的凝聚力係指群體對其成員的吸引力，以及群體成員相互間的吸引，其具體表現為團體成員對團體的向心力」。
3. 陳其昌（民 82）認為：「凝聚力係指團隊對其成員的吸引力以及成員之間相互的吸引」。
4. 盧素娥（民 84）：「係指團隊對其成員的吸引力，以及成員間彼此相互吸引的力量」。
5. 莊豔惠（民 86）認為凝聚力係指團隊對其成員的吸引力以及成員之間彼此相互的吸引）。

6. 張志成（民 86）指出：「凝聚力為團隊對成員的吸引力以及團隊成員共同努力追求目標的力量」。

7. 吳慧卿（民 91）：「凝聚力是一個動態的過程，其為使團隊成員願意團結一起，共同為團隊目標而努力的一種力量」。

　　團隊凝聚力其操作定義在團體動力上有所不同，有些學者認為它是單一模式，另外一些則認為是多向模式；但大多數學者對於團隊凝聚力定義的共同的脈絡是凝聚力包括有工作及社會兩個向度（Carron，Widmeyer & Brawley，1985）。工作凝聚力反映出團體成員一起工作去完成共同目標的程度，在競技運動中，共同的目標可能是贏得冠軍，這必須要依賴團隊的努力或團隊合作。另一方面，社會凝聚力反映出團隊成員彼此喜歡及享受彼此作伴的程度，社會凝聚力通常是等於人際間的吸引力（Weinberg & Gould，1999）。Carron et al.（1985）的概念模式可說是相當完備，因此本研究將其作為團隊凝聚力的最佳定義，並據以編訂「運動團隊凝聚力因素分析問卷」，藉以瞭解桌球運動選手之團隊凝聚力。

二、團隊凝聚力的相關特性

團隊凝聚力的相關特性有以下幾點（李秀穗，民90），
茲分述如下：

（一）運動成績表現及凝聚力有高度的交互關係，其本
質是交互循環影響的，運動成績表現影響凝聚力，凝聚力影
響運動成績表現。

（二）滿足感與凝聚力非常相似，但凝聚力屬團體架
構，滿足感則屬個人的。服從一致是另一個相關屬性，團體
凝聚力愈高對其成員之影響力愈大。高度凝聚力的團體對於
團體的規範表現一致的服從。

（三）角色扮演也與凝聚力有關，團體是否有效率，端
賴成員對其角色的瞭解程度，接受程度及執行程度。凝聚力
愈大成員對自己角色的瞭解程度，接受程度及執行程度愈大。

（四）團隊的組成時間，以及成員相處等時間長短，與
凝聚力有關，團隊組成的時間愈長、成員之間交互作用的機
會愈多、凝聚力愈易形成，成員中途離隊的比率降低。

三、團隊凝聚力對團體的影響

團隊與凝聚力兩者是相互依存的關係（吳慧卿，民90）。
在凝聚力形成之前必須要有團體存在，而團體的維持與發展

則有賴凝聚力功能的發揮（陳其昌，民 82）。學者黃金柱
（民 75）亦提出以下四個理由，以強調凝聚力是團體生命
的重要層面：

（一）沒有凝聚力團體將不會存在；

（二）凝聚力與團體許多重要的過程有關，例如溝通、
一致性、角色表現、滿足和能力表現；

（三）依據 Chelladurai 之觀點，當選手對於運動的參
與感增加，其社會需求的滿足或侷限在團體中，且減少對外
在團體的親和。所以，運動經驗成為選手所喜歡和滿意，則
社會性的凝聚力是重要的；

（四）運動的目的在使團隊成功。團隊如果沒有作業凝
聚力，則不可能導致團隊成功。由此可見，凝聚力的形成與
團體二者之間是相輔相成、相互依存的。

研究團體動力或實際從事團體帶領的人都會發現：在團
體進行的過程中，團體凝聚力（group cohesion）對團體的成
功與否具有相當大的影響力（王櫻芬，民89）。吳就君（民
66）認為越有凝聚力的團體，越能影響個體，越能改變成員
的行為、態度和輿論；當成員間彼此有不同意見時，較會面
對這種不協調，努力於尋求解決的途徑；而且也比較容易解
決衝突。駱芳美（民73）綜合許多學者的研究發現團體凝聚

力與團體成員的互動、團體的社會影響力、團體的成績表現和團體成員對團體的滿意度有關。許多研究也都發現，高凝聚力團體的成員相對於低凝聚力團體的成員，是比較關心他們身為團體一員的身分，因而有較強的動機想對團體的利益有所貢獻、想提昇團體的目標及參與團體的活動（Cartwright，1968）。由這些研究結果，可以肯定凝聚力是團體過程中一個重要因素，它對團體的力量和活力有貢獻，並增強成員身為團體一員的意義。

　　Wright 和 Duncan（1986）指出團體凝聚力，在一個成功的團體過程中，是不可缺少的因素。團體凝聚力通常是成員在經歷到被團體及團體中其他成員接受後產生。團體凝聚力的產生，會創造出溫暖與接納的環境，無論對於個人或團體方面皆有不少的影響（周桂如，民 91）。

（一）個人方面

　　團體成員會有下列的影響：
　1. 比較認同團體目標。
　2. 容易接受指定的任務和角色。
　3. 比較服從團體規範。
　4. 會施壓或否定不服從團體規範者。

5. 對團體更忠誠。

6. 對團體的任務更有動機、更堅持。

7. 在團體中經驗到較多的安全感。

8. 較多的自我表露。（Johnson & Fortman，1988；Yalom，1995）

（二）團體方面

在團體影響上則包括：

1. 比較有生產力，能夠達成團體目標。

2. 團體會更友善、更民主。

3. 做決策時能影響彼此。

4. 更能夠接受與傾聽他人的意見。

5. 有比較高的出席率及守時。

6. 保護團體規範。

7. 當某位成員離開團體或團體結束時，比較不會感受到團體分裂。

8. 為了團體的利益比較能忍受痛苦及挫折。

9. 共同對抗有關團體的批評或攻擊（Johnson & Fortman，1988；Yalom，1995）。

因此，團體凝聚力的高低，無論對團體或者是個別成員，都有非常大的影響，團體凝聚力是使成員在團體經驗

中，有所收穫的必要條件。另外，在團體本身則是健康關係的建立（如信任、真誠）、團體維持（不流失或失去功能）及達成目標（有效解決問題並得到學習）的不二法門。

第二節　團隊凝聚力的概念體系及模式

一、運動團隊凝聚力一般概念體系

　　此一模式是由 Carron 於 1982 提出，模式中包含有輸入、生產及輸出等要素。輸入是指團隊凝聚力的影響因素，生產是運動情境所表現的凝聚力型式，輸出是指結果。而影響凝聚力的因素則為：情境（environment）、個人（personal）、領導（leadership）及團隊（team）等四個因素，其關係如圖 1 所示。茲分述如下（吳慧卿，民 91）：

（一）輸入

1. 情境（environment）因素
　　情境因素是影響凝聚力最普遍的因素，包括契約的責任（contractual responsibiliy）和組織的導向（organization）。

契約的責任主要是指業餘參與的限制以及職業與業餘運動
中存有的規定。而組織的導向則是指不同組織其組織目標、
目標的策略、成員的年齡、性別和成熟度等均有差異。因此，
不同情境因素對於凝聚力的影響也有不同。

2. 個人（personal）因素

　　包括成員的導向或動機與個別的滿足和個別差異，此種
　　差異與任務或社會的凝聚力有關，例如：種族、宗教和
　　社經地位。

3. 領導（leadership）因素

　　包括教練的領導行為、領導方式、教練與選手的關係及
　　教練與團隊的關係等因素，皆會影響團隊凝聚力的發
　　展。

4. 團隊（team）因素

　　　上述的情境因素、個人因素、領導因素等皆是會影響團
隊的因素。其中團隊任務性質（共作性團隊、低凝聚力會導
致成功，而互動性團隊、高凝聚力較容易成功）、團隊成功
的需求、團隊適應、團隊生產力常模、團隊能力及團隊穩定
性（成員留在團隊的時間）。

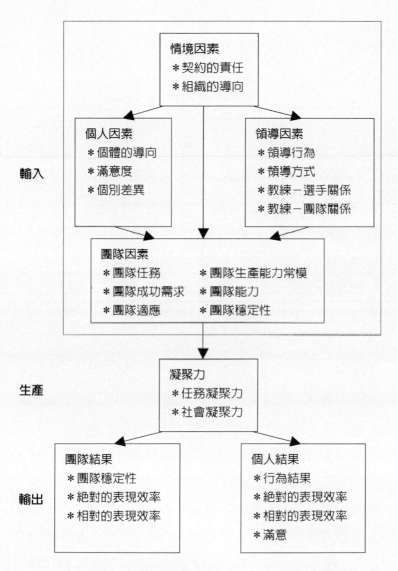

圖 1　運動團隊凝聚力的一般概念性體系

資料來源：Carron, A. V. (1982). Cohesiveness in sport groups: Interpertations and consideration, Journal of sport psychology, 4, 131.（轉摘自：吳慧卿，民 91）

（二）生產

　　在此時期會產生兩種凝聚力，一為社會凝聚力（social cohesion），另一為任務凝聚力（task cohesion）（Mikalacki，1969）。社會凝聚力，係指使一個團體能凝聚在一起不瓦解的力量與成員們寧願留在團體內而不願離去的綜合心態，亦即團體對成員的吸引力，稱之為社會吸引力。另一所謂的任務凝聚力，係指一個團體中所有的成員，可以在一起合作完成某一特定任務的力量，亦即團體間為達成目標，可以接受團體對其成員的調停與調配，稱之為任務凝聚力。

（三）輸出

　　此時期會有二個結果產生，一為團隊結果，另一為個人結果。團隊結果有：團隊的穩定性、絕對的能力表現和相對的能力表現；而個別的結果有：角色的釐清、服從、絕對的個別能力表現、個別能力表現的滿意、對於領導者的滿意及對於團隊的滿意等。團隊凝聚力的結果通常含有能力表現效率，而能力表現效率通常是使用絕對的成功標準，亦即團隊的輸贏比率來加以評量。換言之，贏的比率高過於輸的比率之運動團隊，其凝聚力較為高。

二、Carron（1985）團隊凝聚力的模式

　　Carron，Widmyer & Brawley（1985）提出團隊凝聚力模式，他們認為凝聚力的模式是基於一個前提，凝聚力是動力性；它發展然後稍微下滑，它本身再更新，再增強，然後，稍微衰退（林清和，民 90）。接著，Brawley，Carron & Windmayer（1987）建議這些團隊的多重察覺是藉團隊成員的編製和統合而成為綜合性種類：

　　（一）團隊統合（group integration）：代表團隊對每個個體的察覺當做一個單位。

　　（二）個別吸引力（individual attraction）：代表團隊對每個個體的吸引力。凝聚力的兩個種類是假設由團隊、社會和工作所組成。圖 2 所顯示，團隊凝聚力被認為有四種情況

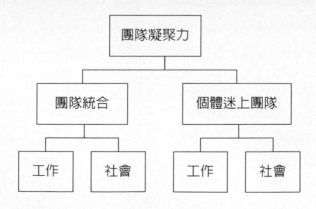

圖 2　Carron（1985）團隊凝聚力的模式

（轉摘自：林清和，民 90）

所組成：個體迷上團體－工作（ATG-T）；個體迷上團體－
社會（ATG-S）；因團體統合－工作（GI-T）；團體統合－
社會（GI-S）。

團體統合意指親密、相似性和完整的統合在團體之內，
即團體統一的程度。個體迷上團體意指個體成員對團體的互
動感覺，他們個人角色的投入，和其他團體成員的投入。假
設這四種凝聚力的情況是彼此有相關的，由於察覺到各種工
作和團體社會方面對團體成員的互動（Carron et al.，1985）。
Brawley（1990）下結論指出，體認這四種凝聚力模式的相
關向度多半是一種複合式，即個體與環境互動的成果。那就
是，團隊選手在運動季節練習期間發展一段時間的察覺，這
些共同的察覺可以幫助團隊結合為凝聚單位；同時，該模式
預測團隊成員具備什麼人格特質會迷上什麼團隊的觀點，並
且視團隊為一個整體功能的單位。最後，假設一支團隊轉化
成凝聚力的過程是一種動力性和社會學習過程。

第三節　團隊凝聚力的形成

一、凝聚力的向度結構

（一）凝聚力是單一向度

　　在運動領域的研究中有將凝聚力的定義以單一向度來研究的如費丁格等人，認為凝聚力是吸引力的同義字（王梅子，民 83）。以成員間的吸引以及團隊對成員的吸引來測量。如運動凝聚問卷（Martens，Lnders & Loy，1972），此問卷受到廣範的使用（Carron ＆ Ball，1977；Carron ＆ Chelladurai，1981；Widmeyer & Martens，1978）,問卷中包含七個主要的內容：

　　1. 人際吸引；

　　2. 成員的影響力；

　　3. 成員對團體的感覺；

　　4. 成員在團隊中的價值；

　　5. 加入團隊的快樂；

　　6. 成員間的團隊精神；

　　7. 成員間親密的程度。

　　此問卷主要在瞭解吸引力的種類，如個人間的人際關係，個人與團隊的關係，整個團隊的關係。卡隆也指出團隊精神也是一重要因素。艾科瓦和欣姆（Escovar & Sim）對以吸引力做為測量凝聚力的方式作一批判的論述，他們指出四點：

1. 凝聚力的操作性定義是建立在吸引力的概念上較無法呈現整體的概念，其它的力量如作業的力量－團隊成員的取向是以團隊目標為取向；個人的力量－在團隊的努力後個人特別的獎勵；常模的力量（Normative forces）－文化的、基礎上以及個人留在團隊中特殊的理由；以上均可能是留住成員的因素。

2. 凝聚力的操作性定義是建立在吸引力的概念上，無法將負面的影響列入。當無個人間的吸引力，甚至在成員間懷有相當高的敵意的時候，團隊仍能維持，如籃克（Len,1977）的報告指出奧林匹克的划船冠軍，雖然內部成員間爭吵不休，但也成功的得到勝利。

3. 凝聚力的操作性定義以吸引力為基礎，在經驗上不被支持。吸引力在事實上不僅是將成員結合在一起的力量（Eisman，1959；Gross & martin，1952）。威梅爾和馬登（Widmeyer & martens，1978）將運動凝聚問卷因素分析，以決定一些共同的因素。人際間的吸引力在上述的因素中尚未被包含。

4. 吸引力不是形成一個團體必要的條件，團隊成員的經驗
   可能使成員間感情融洽，但作業上的相互依賴也是一重
   要的因素。

（二）凝聚力是雙向度的結構

凝聚力是雙向度的結構已被哈斯東和席敏（Hagstrom & Selvin，1965）提出，經因素分析出 19 個項目，兩個向度－社會的滿足（social satisfaction）、和社會計量凝聚（socio-metric cohesion），也就是將凝聚力分成－成員關係的滿足和團隊成員的吸引力兩部份。雙向度的研究中建議吸引力是反映另一種友誼或團體的整體評估，哈斯東和席敏的資料支持以下的假說：人際間的吸引力在團體凝聚力中不是主要考慮的重點，也就是說－在人際間並不是很親密的狀況下，團隊可能有相當高的吸引力。

哈斯東和席敏的論點，不久受到恩格和馬雷蒙（Enoch & Mclemore，1967）的認同，他們也認為團隊的吸引力是兩種因素的組合：1.內部的吸引力（intrinsic attraction）；2.工具的吸引力（instrumentalattraction）；前者指出人際間的相互喜歡；後者則表示吸引力是一種個人為達成團隊目標的趨向。此外米卡拉七（Mikakachi，1969）以企業的員工所做的研究，

將凝聚力區分為社會凝聚與作業凝聚。因此團隊凝聚力是被認為至少是由兩種以上的因素所組成。社會凝聚，團隊中人際關係的合諧，使團員在成長和願意留下繼續的在團隊中活動。作業凝聚表示團員以達成團隊的目標而結合在一起。

（三）凝聚力是多向度的結構

在近來的研究，學者認為凝聚力可能是一多向度的結構，如度納利、卡隆和謝拉度里（Donnelly，Carron ＆ Chelladuri，1978）認為有三種型態的力量會對凝聚力造成影響，他們以團隊平常的行為加以觀察。卡隆和謝拉度里（1981）也提出一些證據說明凝聚力是多向度的結構。他們分析出五個獨立的因素，和兩種特殊的層面，分別是個體對團體的凝聚力（由歸屬感、成員的價值、快樂三個因素組成）；以及整個團隊的凝聚力（由團隊合作以及親密性所組成）。

個體對團隊的凝聚力之三個因素以下列的問題來測得：

1. 歸屬感－你在團隊中的歸屬感有多少？
2. 成員的價值－與其它團隊比較，參與此團隊你所得到的友誼有多少？
3. 快樂－你在團隊中競技時你的快樂程度有多少？

　　整個團隊的凝聚力之二個因素以下列的問題來測得：

1. 團隊合作－你團隊中合作精神有多少？
2. 親密性－你的團隊親密的程度有多少？

　　卡隆和謝拉度里研究的結論中支持凝聚力是一多向度的結構，有以下的兩個理由：第一，從運動凝聚問卷因素分析出五個獨立的因素，表現在兩個層面上。第二，運動凝聚力的知覺是適合團隊成員友誼的型態。雖然，凝聚力的變數與運動員是否單獨從事作業，也就是從事個別性的運動以及作業的交互性有所差別，但卡隆和謝拉度里建議，個別或整體的作業是需要依團隊指示的多少，有不同程度的凝聚力來形成。例如，籃球與游泳相較，籃球需較多的球員間的合作以及溝通，因此籃球隊可形成較高的凝聚力。另外，凝聚力與團隊表現亦是有關連的，凝聚力可能在相互依存的作業中顯出其重要性，例如，籃球是需高度團隊合作的運動項目，團隊的努力產生團隊精神，個人技能的發揮必須與隊員合作才能達成。整體目標的完成，必須全體隊員共同努力才能達成。藍德和劉斯金（Landers and Luschen，1974）對保齡球隊之研究發現，在較成功的隊伍，凝聚力較低。

二、卡特萊和桑德的凝聚力模式

　　卡特萊和桑德認為團隊凝聚力是「一項反映一個群體緊密結合在一起，以追求其共同目標和理想的動態過程」（李秀穗，民 90）。為了團體的目標和理想，所以群體成員緊密地結合在一起，以完成共同的目標和理想。在圖 3 中，卡特萊和桑德認為團隊欲完成共同的目標，決定要素（determinants）有四；分別是合作、穩定、同質和成功。合作是指隊上成員彼此間須密切合作；穩定（stability）是指

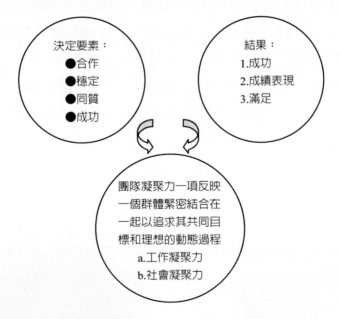

圖 3　卡特萊和桑德的凝聚力模式（李秀穗，民 93）

隊上成員份子要穩定，不要隨時有人退出或加入，以免彼此之間剛熟稔不久，又要重新面對陌生人；第三是同質（homogeneity），即隊上組成的份子在某種範圍或屬性上都是一樣的；最後則是成功（success），它指隊上的成員彼此需要有某種合作成功的經驗。經由這四個決定要素，這個團體才能談到所謂的團隊凝聚力。

　　競爭（competition）和合作（cooperation）是兩種影響團隊凝聚力的重要心理。競爭是指兩人或多人追求同一目標時所產生的不合作情境。在這種情境下，參與競爭者彼此對抗互不相容，這項心理，被稱為阻礙了團隊凝聚力的形成。而合作則指團體中全體成員為了共同利益而同心協力實現一個目標時所表現出的一種社會行為。這項心理又被認為有助於團隊凝聚力的提昇。競爭和合作之所以影響團隊凝聚力乃是因為合作有如團隊凝聚力中的工作凝聚力，對整個團隊凝聚力具有正面效果。而競爭則是追求個人的目標，同時又不能讓別人擁有此項目標。當團體內的競爭太強烈時就會傷害到團隊凝聚力。

　　在運動心理學的研究中，有許多的研究認為合作對一支運動團隊的效率有很大的幫助。而團隊內的競賽則可提昇運動團隊更高一層的表現水準。這種矛盾的結論引起運動心理學者很大的爭論，然而經過強生等學者以統合分析法探討後

提出以下幾點結論：

　　（一）群體內合作（intragroup cooperation）優於群體內競爭和／或個人化行為。

　　（二）沒有群體內競爭的群體內合作，最富生產力（productivity）和有助於成績表現。

　　（三）對於生產力來說，團體內人際的競爭和個人化行為沒有差異。

　　（四）群體愈小，合作的優越性越凌駕於競爭性。

　　（五）以相互依賴性高的運動所進行的研究，

　　可以很清楚地發現合作的重要性。例如：一些簡單的抄寫和校對工作並不太需要合作的。第5點的發現對於瞭解合作和成績表現，以及團隊凝聚力與成績表現之間的關係是相當重要的。除了上述發現之外，4、5 兩點研究結果有助於釐清競爭與合作的基本關係，運動的性質才是競爭與合作關係的最主要關鍵所在。

　　合作一項因素是觀察團隊成員凝聚力的一項重要指標。一支懂得利用合作的原理以完成團隊目標者，將成為一支很有凝聚力的隊伍，特別是工作凝聚力。

　　總而言之，競爭與合作兩項因素對團隊凝聚力都是非常重要的因素。但在競爭而不致於傷害到合作的心理下，它將

非常具有建設性；團隊內的競爭將提昇團隊內合作所見不到
的效率性。

三、團隊凝聚力的形成模式

　　個體所組成的團體（group），不必然會形成一個團隊
（team），雖然，所有的團隊都是團體，但並不是所有的
團體都被認為是團隊。一個團隊是指一些人必須彼此互動
去完成共同的目標（李建志，民 91）。例如：一個指導者
可能會稱一些上羽毛球課、空手道俱樂部、健身運動課的
人為團體，但對踢足球、打排球的人稱之為團隊（Weinberg
& Gould，1999）而受到團隊內各項因素的影響，一個團隊
凝聚力，可從無到有，也可能從有到無，依其消長變化外觀
可分為三種模式（取自盧俊宏，民 83，黃寶雀，民 90；李
秀穗，民 90；Weinberg & Gould，1999），如下分述：

（一）直線模式（The Linear Model）

　　直線模式認為團隊凝聚力的發展呈直線前進上升，
Tuckman（1965）認為這個過程共可分為四個階段：

　1.組成期（Forming）：在組成期裡，定位問題首當其衝
　　隊員們開始彼此熟悉，並了解團體工作的本質，這時開

始產生凝聚力。

2. 風暴期（Storming）：風暴期是指團體內的份子開始發生群己和他人之間利益衝突、理念不合、反叛或偏離團隊目標的情事，這時凝聚力因而降低。

3. 規範期（Norming）：為了減少隊員或群己間的衝突，團隊內在互相妥協和保持團隊的目標下定出一些規則讓彼此遵守、於是團體裡的衝突減少了、團隊開始整合，凝聚力的阻礙被克服，於是整個團隊凝聚力開始加強。

4. 表現期（Performing）：由於隊員間彼此和共識加強，這時團隊便傾向其全力，朝向共同目標前進，此時凝聚力最高。

（二）擺盪模式（The Pendulum Model）

所謂擺盪模式是指團隊的形成初期，成員會有衝突產生，然後因為衝突的解決，而形成凝聚力，可是一個團隊永遠會有新的問題出現，因此，衝突也會不斷產生，如此不斷循環，一個團隊就在衝突和凝聚力之間擺盪，就像鐘擺一樣。例如：國家隊或校隊的甄選，當還未開始選拔時，選手來自四方，因為，環境不熟悉、焦慮、彼此境遇相同，同病

相憐之心油然而生，此時，凝聚力增加；當正式選拔開始，有競爭，產生衝突，凝聚力下降；當正式隊員敲定，凝聚力又提昇。

（三）生命週期模式（The Life Cycle Model）

此模式特別適用於學校的運動團隊，因為運動團隊的成員會有新加入或畢業的情形。譬如：以一個大學校隊而言，每年都會有新生加入，而大四的學生則會畢業。由於，成員的進出使得一個運動團隊會重整，同時也影響其凝聚力，此模式認為一個團隊凝聚力的形成，可分為五個階段。1.見面階段（encounter），2.角色定位階段（creation of roles），3.規範階段（creation of a normative），4.生產階段（production），5.分離階段（separation）。此模式和線性模式有點類似，但線性模式是一個團體從進來到分離大致是保持原來的成員，而生命週期模式，則是週期性的有成員進出；因而，導致凝聚力的形成呈現循環的情形。

以上所提到許多關於凝聚力形成模式，在不同歷程有不同表現，所產生的給果都一直在不斷變化，形成一種動態過程，此也正符合我們對凝聚力所下的定義。

第四節　影響團隊凝聚力的因素

一、影響團隊凝聚力的因素

　　一個團隊的凝聚力之形成與否，除了受到團體是否組成之影響外，亦復受到其他因素的影響。茲將各家學者之見解條列如后（吳慧卿，民 91）：

（一）王家微（民 79）

　　王家微（民 79）提出以下八項因素，認為可能會影響團隊凝聚力的形成：

1. 團體的大小
團體規模的大小對於團體凝聚力的形成有一定的影響力。團體的規模大，成員間彼此有相互作用交集的機會亦相對的減少，對於凝聚力的形成較為不易；相對的，如果團體的規模小，成員間彼此作用和交往機會多些，較為容易產生凝聚力。

2. 成員的共同性
團體成員如能有共同或相近的成長背景、喜好，共同的目標、利益等，團隊成員間擁有愈多的共同性，對於凝聚力的形成將具有正面的影響力。

3. 成員對團體的依賴

　成員如覺得團體有助於滿足其個人之經濟、社會或心理需求，則對於團體的依賴性愈大，而團體對其吸引力也相對增大。

4. 目標的達成

　在團體目標與組織目標一致的情況下，組織之目標的達成對於團隊凝聚的增強將有正面的影響。具有高度凝聚力的組織或團隊，較有利於組織目標的達成。

5. 團體的地位

　在組織中所處地位愈高之團體，其凝聚力亦相對的愈強。

6. 團體與外部的關係

　當團體與外界的關係相對較為疏離或是承受到較大的壓力時，團體的凝聚力便會增強。

7. 訊息的溝通

　團體內部成員間之訊息溝通良好、公開坦率，凝聚力亦相對提高；反之，如因不良的溝通管道或不良的溝通環境，而造成團體成員間訊息無法傳遞、彼此相互猜忌，則將會使團體凝聚力降低。

8. 管理的要求與壓力

　透過管理的執行對於團體凝聚力的形成有絕大部分的影

響力。但是，因為管理的執行所產生的凝聚力，也許是
短期的現象但也有可能是長期而持續的。

（二）LeUnes & Nation

LeUnes & Nation（1989）指出影響團隊凝聚力的因素
有：團隊的大小、任務的性質、團隊的型式及滿意度等，茲
分述如后：

1. 團隊的大小

一個較大的團隊會因為所屬層級與人員較多的因素，造
成成員彼此間聯絡不易，致使溝通受阻引發溝通問題，
導致團隊凝聚力降低。此外，過大的團隊結構亦會使團
隊成員過於鬆散（陳其昌，民 82），此為因團隊過大
之另一負面影響。換言之，當團隊的人數增加時，會使
團隊成員的向心力強度減弱。

2. 任務的性質

不同的運動項目在團隊之內或團隊之間，所需要凝聚力水
準並不相同。此外，共作性團隊（coacting teams）係指「運
動項目僅要求少許的人際交互關係」，例如田賽、滑雪，
是屬於低方式的交互依賴任務（low means-interdependent
task）。而互動性團隊（interacting teams）係指「要求親

密的團隊」，例如排球、足球、手球等，是屬於高方式的
交互依賴任務（high means- interdependent task）。另外，
部分項目，如：壘球、划船等乃介於共作性團隊和互動
性團隊間的項目，是屬於中等交互依賴任務（moderate
meansinterdependent task）。不同的運動項目為了提高
其團隊表現，所需之團隊凝聚力水準亦大不相同。表 1
所呈現的是不同的團隊型態所包含的運動項目與所需
的凝聚力程度（LeUnes & Nation，1989）。

3. 團隊的形式

係指成員留在團隊中的時間長短和團隊成員的變動頻
率。團隊的成員在一起的時間愈久，彼此間相互交互作
用的機會亦越多。因此團隊凝聚力的發展愈有可能。同
樣的，一個團隊的凝聚力愈高，成員選擇離開團隊的意
願將相對的減弱。

表 1　不同項目所需之團隊凝聚力

團隊性質	交互依賴任務方式	項　目	任務凝聚力的需求程度
共作性團隊	低	射箭、保齡球、田賽項目、高爾夫、來福槍射擊、滑雪、跳躍滑雪、角力	低
混合共作性團隊	中	美式足球、棒球／壘球、花式溜冰、划船、競賽項目、拔河、游泳、桌球、網球	中
互動性團隊	高	籃球、草地曲棍球、冰山曲棍球、橄欖球、足球、手球、排球	高

資料來源：LeUnes, A. D., & Nations, J. R.(1989): Sport psychology. Chicago, IL: Nelson-Hall, p75.

4. 滿意度

成員愈是滿意自己所參與的團隊，則對團隊所產生的凝
聚力亦相對的提高，成員彼此的共同性也會越一致。換
言之，成員對所屬團隊滿意度的高低將會影響該團隊的
凝聚力。

（三）Wicker

Wicker（轉引自李美枝，民 80）亦指出：影響團體凝聚
力的因素，亦有不少是會影響到團體形成的因素。使一個人
安於一個團體的凝聚力因素有：

1. 喜歡其他的團體成員。
2. 作為一個團體成員所具有的尊嚴感覺。
3. 團體協助個人達成他單獨一個人所無法達成目標的能力。
4. 沒有其他可以取代的團體。
5. 面對外來威脅、外侮或敵愾同仇能加強內部的團結。
6. 團體成員人數的多寡與參與機會正好成反比，因此小團
體的凝聚力往往要比大團體來的高。

影響團體凝聚力的變項，除了上述各家說法外；另有周
桂如（民 91）將之分成：（一）成員方面（二）領導者方
面（三）團體方面（四）時間等四方面。

（一）成員方面

　　包括成員對成員之間的吸引力及成員之間的相似性。有一些學者認為，影響團體凝聚力最主要因素，來自於團體成員間的人際吸引，當成員相互喜歡吸引時，凝聚力較高（Stokes，1983；Wright Duncan，1986）。團體成員間的相似性也是影響因素之一，因為來自相似的環境、背景、對事物的價值觀及看法，會增加團體凝聚力（Yalom，1995）。

（二）領導者方面

　　包括領導者的風格與領導者的經驗，研究結果顯示，發現領導者本身的風格會影響團體凝聚力（Antouccio，Davis，Lewinsohn & Breckenridge，1987；Littlepage，Cowart & Kerr，1989；Yalom，1995）；Mackenzie 等人（1987）研究結果顯示領導者本身的特徵為具有愛心的、具有個人的吸引力及純熟的技巧時，會有比較高的團體凝聚力；另外，團體領導者的經驗會影響團員間的團體凝聚力發展；領導者在團體中多使用正向回饋技巧時，會呈現出較高的團體凝聚力（Antonuccio et al.，1987）。Yalom（1995）也指出，領導者必須要能夠辨識和阻止，任何會威脅到團體凝聚力的可能（例如：遲到、缺席、組成小團體、分裂等）。

（三）團體方面

　　包括團體的性質、團體的目標、團體人數及團體的發展四部份。在團體的性質部份；團體是同質性或異質性的團體會影響團體凝聚力。團體的同質性越高，表示成員有共同的特性及經歷，則團體凝聚力會越高。Yalom（1995）認為以任務為方向的同質性團體，成員會支持他們意識到的共通點，會有較高的團體凝聚力。團體的目標部份；團體目標會影響團體凝聚力，團體對要完成的任務十分明確，則會產生較高的團體凝聚力，因為任務明確比較不會有矛盾與衝突產生。研究顯示當團體目標吸引團體成員時，會有比較高的團體凝聚力（Littlepage et al，1989）。團體的人數部份：一般認為人數少的團體，團體凝聚力較高，因為小的團體比較能吸引成員，提供成員得到比較多的他人關注。團體的發展部份：團體的結構特性會影響團體凝聚力，一般來說，封閉式的團體凝聚力會高於開放式的團體。

（四）時間方面

　　February 與 Hartman 認為時間的進展會影響團體凝聚力，也發現不同的時間有不同的團體凝聚力，強調團體凝聚力不隨著直線或前進的路線走，而是隨著團體而改變

（Drecher，Burlingame & Fuhriman，1985），不同的團體，團體凝聚力發生的時間也不相同。隨著時間的進展，團體成員會傾向於向團體內部靠攏，由於共同分享經驗，加上長時間的繼續相互交往，有助於在團體成員間形成一種密切關係。

二、促進團體凝聚力的條件

凝聚成員是團體成功發展的必要條件；在團體歷程中，凝聚力形成的條件、原因相當多，能夠由領導者精心營造的發展條件包括下列幾項（Fraser & Russell，2000）（轉摘自郭修廷，民 92）：

（一）領導者的風格

一般的團體動力概念裡，團體領導者能經由多種的方法以塑造團體參與者的經驗，包括鼓勵團體凝聚和協助成員轉移等。特別是領導者對成員之鼓勵、接納、及成功之肯定等明確的回饋方式，都能積極的凝聚團體成員的心。開始之初，領導者可能需著力於凝聚團體成員、充當接合的角色，一但團體凝聚形成，成員的注意焦點就會逐漸地被轉移至每一個成員身上，相互探索、了解彼此的差異。

（二）活動結構

　　活動內容結構的設計也是非常明顯的有用的策略，經由設計能鼓勵團體成員緊密彼此的情感；例如，給予成員一些時間互相熟識或解決衝突事件，能快速的凝聚團體與排除負面的團體動力。成員間少去了一些敵意或常為某事爭執的人，團體的氣氛便能持續一段很長的時間。另一個方式是採取任務取向，由於團體有共同特別的任務議題，成員能從特別議題的發展、分享轉而協助或支持某一人，促進團體身體與情緒結合的經驗。

（三）無競爭的環境

　　根據小團體動力研究,成員對團體間不具競爭性的察覺，能促進團體成員的凝聚（Fraser & Russell，2000）。無論在任何團體，領導者必須能善用利他（altruism）和支持行為技巧的運用，反覆的讓團體成員感受團體內的非競爭氣氛，消弭心中的疑慮與敵意有助於團體凝聚。

（四）自我揭露

　　人們在分享外傷情緒感受時特別能夠產生凝聚的作用。Corey（1995）提到若團體成員能真誠的表露深藏的重

要個人體驗和苦惱，使團體成員們經由別人身上看到自己而與他人認同即能把團體連結在一起。因為文化差異的因素，如果成員不願公開表達自己，領導者除了積極鼓勵勇敢的公開表露外，另一方面亦得尊重成員的意願，除非當事人克服了心理障礙凝聚力，否則容易適得其反。這時領導者可以引導認知「想從團體中得到什麼？」，以促發成員積極表露的勇氣。

（五）共同性

團體中的成員雖然來自不同地區、背景、或有著不同的年齡，但是他們通常有共同的困擾、恐懼、問題或相似的經驗。由於有共同的感受或傷痛，容易體會彼此的痛楚、特別是在最初的幾次團體中，成員對自己遭遇的自我揭露激發成員「同病相憐」的感覺，是初期發展團體凝聚的重要時刻。此種相似性通常能輕易引起團體成員的覺醒，強化成員共同達成目標的決心。

（六）回饋

回饋是促使凝聚力發展的一個重要變項，結構性的回饋能有效的影響團體對成員的吸引（Rohde ＆ Stockton，

1992）。「回饋」的特色是：即時優於延宕，積極-消極（positive-negative）方式勝過消極-積極（negative-positjve）回饋，而積極、建設性的回饋遠較消極、負面性的回饋更容易地令成員接受（Morran & Stockton，1980）。因此，領導者需能善用回饋策略以滿足成員，鼓勵團體成員以直接、清晰、積極性的回饋取代籠統、批評式的回饋，有助於成員間的概念、經驗的交融與情感凝聚。

三、運動團隊培養凝聚力的一般原則（李秀穗，民 90）

（一）每位隊員應熟悉隊上其他成員的責任。

（二）教練或體育老師應熟悉隊上每一位成員的個人事物。

（三）培養大團隊中次級單位的榮譽心。

（四）培養運動員對於自己團隊的隸屬感與擁有感。

（五）設定整個團隊不同層級的目標以建立其成就感。

（六）每一個成員必須熟練他的角色，並且相信這個角色在隊上是十分重要的。

（七）不要強求或企圖隊上的凝聚力完美無缺。

（八）防止小團隊的形成。

（九）藉平常的練習培養默契。

（十）廣義讚許整個團隊的成就。

第五節　團隊凝聚力的測量

一、判斷團隊凝聚力高低的指標

由以上對團體凝聚力的說明，我們可以發現：凝聚力是一個很抽象的觀念，我們怎麼看出團體對成員有吸引力？我們怎麼知道成員對團體有認同感？是不是有一個能明確觀察它的指標呢？不同學者根據他對凝聚力不同的定義，採用不同的方法觀察、測量團體凝聚力的高低，以下介紹一些學者提出的觀察凝聚力的指標（王櫻芬，民89）：

（一）吳就君（民66）認為可以從下列幾個方向判斷團體是否有凝聚力：

1. 從成員互動的過程來看可觀察成員參與團體互動的深度和範圍：
   (1) 是否能分享彼此的經驗
   (2) 是否大家願意為共同的目標努力
   (3) 成員對於發展自我是否有興趣
   (4) 是否成員之間有人際吸引力的存在
2. 從溝通的現象來看，若有下列現象存在，可說此團體是有凝聚力的：

(1) 成員的討論有焦點

(2)焦點朝向解決問題的方向

(3)多數的成員皆參與溝通

(4)溝通來往的方向是均衡的

(二)呂勝英（民 73）則認為團體凝聚力的指標有下列六項：

1. 團體成員合作的程度

2. 參與者表現的自發性的程度

3. 出席率

4. 守時

5. 信任的程度

6. 在互動中表現支持、鼓勵、關懷的程度

（三）Corey（1992）認為凝聚力最基本的指標是

1. 成員間的合作關係

2. 樂意在聚會中出現並能守時

3. 致力於使團體成為安全的地方，包括談論任何缺乏信任
   或恐懼去相信的感覺

4. 支持和關心其他成員，表現樂意去傾聽他人和接受他人
   原本的樣子

5. 樂意陳述在團體互動中自己對其他人此時此刻的反應
   和知覺

（四）Johnson & Johnson（1994）認為團體凝聚力的程度反
　　應在下列幾方面：

1. 團體成員的出席人數
2. 團體成員是否準時到達
3. 團體成員間的信任與支持
4. 團體能夠接受的個人性程度
5. 成員感受的樂趣

二、團隊凝聚力的測量方法

　　上述這些觀察指標是學者在理論上的論述，實際上學者
在研究凝聚力時，多半還會發展一套具體測量凝聚力的工
具，Carewright（1968）分析許多研究用來測量凝聚力的工
具後，發現測量凝聚力的方法有五種：

(1) 測量成員間的吸引力。

(2)評價整個團體對成員的吸引力。

(3)測量成員對團體的親密度與認同程度。

(4)讓成員表達他們期望留在團體中意願的強度。

(5)使用綜合指數（composite indexes）的方式。

　　這五類是以問卷來測量凝聚力。Forsyth（1983）提出的測量方法，範圍則較為寬廣，他認為測量凝聚力的方式有以下幾類：

1. 針對個別成員間的吸引力來測量。
2. 假定團體成員是他們團體凝聚力的正確觀察者，可以傳達他們覺知的凝聚力給研究者，因而可採用問卷的形式。
3. 測量成員對團體認同強度。可以只是問成員他們對團體的隸屬感和承諾，也可以從行為中觀察。
4. 把凝聚力計算為團體需延長時間時，可留住它的成員的能力。

　　綜合以上所述，對測量凝聚力的方式，以下試著以Drescher，Burlingame & Fuhriman（1985）的分類系統，將測量凝聚力的方法做一綜合性的說明（王櫻芬，民89）：

（一）身體的指引（physical indices）

　　這類測量方法是觀察成員非口語的、生理向度的行為，例如成員出席、早退狀況、彼此座位的距離、團體緊密的持久性和對其他說話者的眼神接觸……等，以這些生理現象作為觀察團體凝聚力的指標。這與呂勝瑛（民73），Corey（1992）

的理論相同，都是由成員的非語言訊息去觀察。Cialdini
（1976）曾以大學生穿校服，在飾物、夾克、T恤上繡校徽
的比例來代表他們對學校的認同程度（引自 Forsyth，1983）。
另外 Flowers，Booraem & Hartman（1981），Shadish
（1980）……等學者亦曾以此法進行凝聚力的研究（引自
Drescher，Burlingame & Fuhriman，1985）。

（二）口語的風格（verbal style）

　　這類方法以描述人們溝通的形式，而非著重團體內容或議
題來探討凝聚力，例如：觀察成員反映、面談時的口語反應類
型……等，以及代表凝聚力。Liberman（1970）在研究凝聚力
時即是以此法測量凝聚力（引自 Drescher，Burlingame &
Fuhriman，1985）。

（三）口語的內容（verbal content）

　　這是以描述談話主題的方式判斷凝聚力的高低。例如，
訓練觀察員計算成員談話內容親密或不親密的比率。這和吳
就君所說「彼此是否能分享經驗」及 Corey 所說「談論任何
缺乏信任或恐懼去相信的感覺」等指標相同，都是假定高凝
聚力的團體會進行較多的自我揭露和回饋。Liberman
（1970）與 Shipley（1977）的研究都採取這樣的測量方式

（引自 Drescher，Burlingame & Fuhriman，1985）。

（四）外顯的行為（overt behaviors）

　　這是將團體互動的明顯行為作分類以此測量凝聚力。
這個方法是由專家評斷並計算團體中個人互動的行為真
誠、同理和溫暖的比例。Dies & Hess（1971）使用的方式是
訓練評分員聽五分鐘一段的團體錄音帶，計算成員分享參
與／情緒支持和人際信任的比例，給一個分數。這和 Johnson
& Johnson 所提的「團體成員間的信任與支持」、吳就君說
的「是否大家願意為共同的目標努力」、呂勝瑛說的「團體
成員合作的程度」、「在互動中表現支持、鼓勵、關懷的程
度」與 Corey 所提的「支持和關心其他成員，表現樂意去傾
聽他人和接受他人原本的樣子」相同，是把這些構念具體化
的測量方式。

（五）內隱的行為（covert behaviors）

　　這是最常使用的測量方式，以問成員問題的方式測量成
員內隱的行為（包括想法／情緒和覺知）。對這類問題的分
析當以 Cartwright 在 1968 年的說明最為詳盡。Cartwright 歸
納許多研究使用的工具後發現，一般用的問卷題目有下列五
種：

1. 測量成員間的吸引力

   這個方法是假定團體中的成員彼此之間愈喜歡，團體就愈有吸引力。其方法是要求團體成員寫出參與不同活動時，他最希望和他一起參加的人的名字，或是要求成員寫出他最喜歡的朋友的名字，計算他選擇的人是團體中的人的數目，以此推測這個團體的凝聚程度。這就是一般常使用的社交測量法（socimetrc choice）。

   這種方法可以顯示出團體內的選擇密度，可是卻忽略了他們選擇的模式。相同的選擇數字可能顯示不同的選擇結構，代表相當不同的程度的團體凝聚力。為了探索這種可能性，Festinger 在他的研究中，對相互選擇者只計算一半的數字，這種調整使他研究的結果相關改變，這證明以人際結合力測量凝聚力時，藉由較細加區分的結構分析會使結果變更好。

2. 把團體視為一體進行評估

   這種方法是把團體視為一個整體，要求成員給他對這個團體的喜歡程度一個等級。這種方法讓成員把團體視為一個整體來評量而非把它視為許多不同的個別成員。

3. 測量成員對團體的親密度與認同程度這種方法是設計一些問題去揭示成員認同一個團體的程度或感覺個人涉入的程度，以測量團體凝聚力。

4. 讓成員表達他們期望留在團體中的強度這個方法是運用團體凝聚力的概念性定義要求成員表達出他們想繼續留在團體中的意願有多強。

5. 綜合指數（composite indexes）

應用以上四種方法可以產生不同測量凝聚力的設計，每一種設計也都和由團體凝聚力本質的理論所導出的現象有相關。認知到凝聚力有不同的顯現形式使一些研究者著手建構以綜合的指數測量凝聚力。

三、團隊凝聚力的測量工具

團隊凝聚力最常見的測量工具有以下幾種：「社會計量測驗」（Sociometric Test）、「運動凝聚力問卷」（Sport Cohesiveness Questionnaire，SCQ）、「作業凝聚力問卷」（Task Cohesiveness Questionnaire，TCQ）、「多向度運動凝聚力問卷」（Multidimensional Sport Cohesiveness Instrument，MSCI）、「團體情境量表」（Group Environment Questionnaire，GEQ）。茲分述如下（李建志，民92）：

（一）社會計量測驗（Sociometric Test）

屬於社會計量測驗法，可用社會關係圖，約可分為三個步驟（丁興祥、李美枝、陳皎眉，民78；Weinberg & Gould，

1999）：

1. 要求每個團體成員回答有關其他成員的相關問題。最常使用的問題是「在這個團體中誰是你最喜歡的人？」其他問題如：「誰是你最不喜歡的人？」每一個問題，可列舉一至三人。

2. 研究者根據受試者的回答，畫出一個社會圖（sociogram）來說明團體成員之間的關係。然後再將初步圖組織為較有意義的圖形，例如：被選為最喜歡者最多次者將之置於圖形中央而最少選為最喜歡者置於周邊而構成一張社會圖。

3. 根據社會圖判斷成員，互動狀況、凝聚力高低、每位成員的相互聲譽、以及和其他成員間的關係。如圖 4 可知 12 人中 G 是明星，為最受歡迎者；L 與 D 是孤立者，為最不受歡迎者。

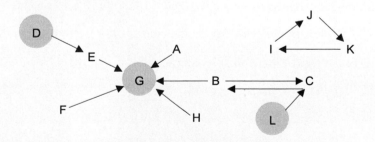

圖 4　12 人團體社會關係圖（丁興祥，民 78）

（二）「運動凝聚力問卷」（Sport Cohesiveness Questionnaire，SCQ）

運動凝聚力問卷是由 Martens、Peterson 所發展，共包含：人際吸引、個人的力量或影響、成員的價值、歸屬感、快樂、團隊合作、親密等七個向度，前五個向度是測量有關社會凝聚力的層面，後二者則是測量工作凝聚的層面（陳其昌，民 82）。

（三）「作業凝聚力問卷」（Task Cohesiveness Questionnaire，TCQ）

作業凝聚力問卷是的 Gruber and Gray（1981）所發展，該問卷共有 13 題，旨在測驗六個團隊凝聚力的向度，依序為：團隊表現滿意、自我表現滿意、成員的價值、作業凝聚力、承認的需求、親和需求等六個向度。

（四）「多向度運動凝聚力問卷」（Multidimensional Sport Cohesivness Instrument，MSCI）多向度運動凝聚力問卷是由 Yukelson，Weinberg & Jackson（1984）所發展的，藉由對 16 個籃球隊的研究以測試該研究工具的信度與效度。該問卷共有 32 道題目，分屬四個向度，向度名稱為：團體吸引、目的一致、團隊合作及被尊重的角色。

（五）「團體情境量表」（Group Environment Questionnaire，GEQ）團隊情境量表是 Carron，Widmeyer and

Brawley（1985）三位學者所發展出來的，是用來測驗團隊凝聚力，其內容主要分為兩類：

　　1.團隊整合：要求團隊中的個別成員依據團隊任務和社交活動來評價整個團隊；2.個人對團隊的吸引：要求團隊中個別成員，依據其個人參與團隊任務和團隊社交活動來評量。所謂的團隊任務，指的是達成團隊目的和目標；而社交活動，指的是團隊中發展和維持成員間交互的關係（盧素娥，民84）。此量表共分為四個向度：（一）團隊作業整合（group integration-task）、（二）團隊社會整合（group integration-social）、（三）個人對團隊作業的吸引（individual attractions to group-task）、（四）個人對團隊社會的吸引（individual attractions to group-social）共計18題。此量表已被成功的應用在競技運動與體適能情境中，及有關於凝聚力的調查上（Weinberg & Gould，1999）。從內容和向度中也可了解影響凝聚力的因素，且分為兩種層面：工作及社會層面。

　　另外 Yukelson，Weinberg & Jackson（1984）也依據運動凝聚力問卷的缺點設計了運動凝聚力工具（Sport Cohesion Instrument，簡稱 SCI）。茲簡單說明如下（黃寶雀，民90）：

　　（六）運動凝聚力工具（SCI）是 Yukelson，Weinberg & Jackson（1983；1984）等人共同設計，有21個題目，主要是測驗運動團隊凝聚力的四個向度(1)對團隊的吸引力；(2)

對團隊目標意義的認識；(3)團隊合作的質；(4)角色價值。
運動凝聚力工具的主要目的在測驗工作凝聚力（團隊合作的
質）和社會凝聚力（團隊的吸引力）。

除了上述幾種團隊凝聚力的測量工具外，在國內陳奇昌
（民 82）、盧素娥（民 84）先後參考由 Carron，Widmeyer
& Brawley（1985）所發展的團體情境問卷，設計出適合國
人使用的「團隊凝聚力量表」及「團體情境量表」，分別包
含有團隊合作、人際親和、團隊適應、入際吸引等四個向度，
及「工作凝聚力」和「社會凝聚力」兩個向度。

本研究採用之團隊凝聚力的測量工具類似「團隊情境量
表」，是由吾等所自行編製之「運動團隊凝聚力因素分析問
卷」，其內容於第三章－研究工具部份再作說明。

第六節　團隊凝聚力的相關研究

一、運動項目性質與團隊凝聚力

　　（一）吳慧卿（民 91）指出就運動項目之性質而言，由於不同的運動項目因其任務性質的不同，所需之凝聚力亦會有所差異。對於需要高度任務交互依賴之團隊，例如排球、足球等、其所需的團隊凝聚力程度亦為之提高（LeUnes & Nation，1989）。Mikalachki（1969）指出，工作凝聚力高的團隊通常傾向於認為培養團隊的工作凝聚力比較重要；認為工作凝聚力就是團隊的正式目標，亦是團隊產生成就的重要因素。另一方面，社會凝聚力較高的團隊則認為團隊內彼此的社會交往和情誼比其他團體內的目標還要重要（莊豔惠，民 86）。

　　根據過去相關文獻得知，桌球運動係屬於混合共作性團隊性質，其有中等的交互任務依賴程度，與需要中等的團隊凝聚力（LeUnes & Nation，1989）。

　　（二）蔣憶德、陳淑滿及葉志仙（民 90）以四項球類運動選手男、女共 530 人（包含棒球 203 人，籃球 118 人，排球 112 人，足球 97 人）為研究對象，比較不同運動項目

選手之團隊凝聚力的差異情形，研究結果發現，不同運動項目選手無論是在社會凝聚力或是工作凝聚力方面，均有顯著差異存在。

　　足球選手的社會凝聚力顯著高於排球選手，亦即排球選手們在團隊中的社會凝聚力較低，彼此互動關係較少，且不太認同彼此，甚至是接納別人；相對地，為整個團隊所付出心力的程度會較低。反之。足球選手對團隊的認同感較高，且相處情形融洽，願接納彼此並為團隊付出心力。

二、團隊凝聚力與成績表現之關係

　　（一）林清和（民 90）指出在運動凝聚力的文獻中，說明凝聚力與技能表現的關係最具代表性的經典之作品是由 Martens & Peterson（1971）兩人完成，他們的受試者包括校內籃球代表隊 144 隊，選手超過 1200 位，提供強有力的證據指出，團隊凝聚力和成功有積極的相關。Martens & Perterson 兩位所探討的是賽前凝聚力對團隊成功的影響，結果現具有高度評價凝聚力團隊比低度評價的團隊，其比賽的勝算較大。接著，在第二篇文章，Martens & Peterson（1972）探討團隊成功對賽後凝聚力的影響，觀察出成功的團隊比少成功的團隊有較大的凝聚力。隨後，Melnick & hemers（1974）

使用 Martens & Perterson 相同的問卷表和相同的程序，發現校內籃球隊，在賽前的凝聚力和團隊成功之間沒有相關。其他研究發現有高度凝聚力的籃球隊，似乎會減少技能表現（Fiedler，1954）；保齡球（Landers & Lueschen，1974）；來福槍（McGrath，1962）；和划船（Lenk，1969）等代表隊有反面的結果。

Gill（1980）也探討積極凝聚力／技能表現與校內對抗選手的關係，在相關文獻中她發現凝聚力對大學校際美式足球、高中籃球、大學校際冰上曲棍球、來福槍隊，女子排球大學校際代表隊的對抗選手的團隊成功有積極的相關。另外，Karen、Ruder & Gill（1982）調查凝聚力的認知對單獨比賽輸/贏的立即效果，發現勝利團隊增加凝聚力，然而，失敗的隊伍，則減少凝聚力。且似乎經過時間長期的累積勝利和失敗，會逐漸的修正運動團隊的凝聚力。

（二）而 Carron and Ball（1977）針對 12 個大學曲棍球隊在球季早期、中期、球季結束，測量其凝聚力（李建志，民 92），他們同時以球季中期與球季結束時的勝負百分比來評估團隊的表現。用凝聚力來預測後期表現沒有任何顯著的相關。有學者研究建議凝聚力與表現之間的關係是循環的，表現似乎會影響後期的凝聚力，而這種凝聚力的改變會影響接下來的表現（Landers，Wilkison，Hatfield & Barber，

1982；Nixon，1977）。根據學者指出，凝聚力和表現的關係是複雜的，認為凝聚力的增加會導致更好的成績表現，好的成績表現讓團隊更緊緊相連，而導致凝聚力的增加，因此，關係是環狀的（Martens & Peterson，1971；Weinberg & Gould，1999；Williams & Hacker，1982）。

　　（三）蔡秋豪（民 85）以參加八十三年度女子高中自強籃球聯賽之選手為受試者，對參賽之八支隊伍進行普查，探討運動表現對高中女子自強籃球隊團隊凝聚力之影響，結果得知：成功表現不僅沒有提高高中自強女子籃球隊團隊凝聚力，反而呈現降低之情況，而失敗表現對團隊凝聚力並未造成任何影響，此結果與團隊凝聚力理論及大部份相關之研究結果不符，對此情形，研究者提出以下解釋：

1. 以往此方面研究之焦點，大部份放在比賽結果對團隊凝聚力之影響，然而，在此調查中研究者亦發覺，比賽本身對團隊凝聚力即可造成很大之影響，例如：由於自強聯賽為高中女子自強籃球隊最重要之比賽，不僅攸關升學（保送考），同時亦影響往後進入甲組籃球隊之希望，因此，比賽前大家無不卯足全力以爭取先發權，比賽中明爭暗鬥亦為常有之事，因此，當此情形已對團隊凝聚力造成巨大影響，則勝利之喜悅亦無法提升已下降之團隊氣氛。因此，研究者建議，有關團隊凝聚力之研究，

長期且縱貫性之調查是不可缺少的。

2. 由於國內高中女子自強籃球隊僅有八隊，且其中五隊為
國內女子甲組籃球隊之子隊，平時亦由甲組球隊代訓，
因而造成球隊間實力已非常懸殊，因此，勝負對這些球
員而言，幾乎已成定局，在此情況下，只要表現結果與
預測相符，則此結果對團隊凝聚力也就不會造成什麼影
響了。因此，研究者在此大膽假設，如果國內籃球隊如
美國大學籃球聯賽一般，每年皆有數千隊參與比賽，成
功表現必然對團隊凝聚力造成明顯之影響。

3. 比賽時間太長亦影響團隊凝聚力。由於聯賽時間長達八
個月，加上訓練時間，球隊幾乎一整年皆在訓練及征戰
中，如此年復一年，球員早已習慣勝負，且較不會為比
賽結果所影響。在此方面，如果往後研究對地區聯盟籃
球隊（由各校自組成，且球員大都為興趣參與球隊）加
以調查，研究者相信會得到不同之結果。

4. 在失敗表現方面，由於國內女子籃球運動並不盛行，以
致球員淘汰率並不高，因而在高中女子自強籃球隊員
中，同一所高中之球員，大致也都是來自同一國中（甚
至有些球員從國小就一起打球），球員彼此間生活習
慣、個性、球技等都很熟悉，且大部份球員由小到大，
所經歷比賽已不可計數，因此，縱然失敗亦不會影響球

員間相處情形及共同合作之精神。

（四）劉選吉（民 90）指出有研究結果發現：團隊凝
聚力之高低，對團隊運動表現有相關存在，根據卓國雄（民
89）之研究指出：工作凝聚力能有效預測國小拔河成績表
現，張志成（民 86）之研究指出：社會凝聚力可以有效預
測團隊運動表現。Carron 和 Shanghi（1987）之研究卻指出
團隊凝聚力和滿意度未必能對成績表現有實質的助益。而
Hackins、Latane 與 Williams（1981）與蔡秋豪（民 85）也
提出：運動表現與團隊凝聚力兩者無關。

（五）賴姍姍、王克武（民 91）以參加嶺東技術學院 90
學年度班際盃拔河錦標賽及大隊接力比賽的參賽同學為研究
對象（男生佔 29.11%，女生佔 70.89%），總共抽取 250 位
同學（有效問卷為 237 人）填答問卷。結果發現班級凝聚力
與成績表現之間無顯著的關係存在。

三、選手背景變項與團隊凝聚力之關係

（一）蔣憶德、陳淑滿及葉志仙（民 90）以四項球類
運動選手男、女共 530 人（包含棒球 203 人，籃球 118 人，
排球 112 人，足球 97 人）為研究對象，比較不同性別選手

之團隊凝聚力的差異情形，研究結果發現，男、女選手在工作凝聚力上有顯著的差異存在，男子選手的工作凝聚力較高於女子選手。以兩性在參與運動時的心理差異而言，男性大多較女性偏好具有競爭性的活動，認為本身有較高的運動能力與身體能力（Battista，1990；Weiss Horn，1990）。Reis & Jeisma（1978）所作的研究也指出，男、女性對於競爭性運動所持的基本態度不同，男性對競爭、勝利與打敗對手，會有較強的認可；女性則對參與性、和隊友或敵友間的相互交流及日常社交有較強的認可。因此基於男女參與運動的心理差異及基本態度不同，可能導致男子選手的工作凝聚力較高於女子選手

　　（二）吳慧卿（民 91）指出角色的表現亦與凝聚力有相關存在（Hacker & Williams，1981；Martens & Peterson，1971）。Bass（1962）亦提出相同的結論，其認為在凝聚力較高的團隊中，團隊成員對其角色會有較佳的瞭解及接受與表現（莊豔惠，民 86）。此外，亦有研究顯示：先發球員較替補球員知覺到較高的團隊凝聚（Westre & Weiss，1991）。換言之，在團隊中成員因能力差異而致使其所擔任之角色與角色所賦予之任務及機能各有所不同，如團隊成員能瞭解、接受該角色所需承擔的任務，將有助於團隊凝聚力的形成與團隊效能的提昇。

　　（三）盧素娥（民 84）以八十三學年度大專籃球聯賽甲二級的男女選手各十個團隊為受試對象。計有男生 84 名（19.0±2.09 歲），女生 79 名（平均年齡 19.4±2.3 歲）。以逐步廻歸分析，探討大專籃球選手個人基本資料（年齡、加入校隊的時間、運動經驗）與凝聚力的關係。結果發現：

1. 「加入校隊的時間」愈長者，有較高的社會凝聚力，此結果與 Chelladurai（1984）的研究發現-「成員留在團隊中的時間愈長，其對團隊的凝聚力較高」有相同的結果。

2. 個人的「年齡」愈大者，有較高的工作凝聚力，這可能是由於年齡愈大者，對於團隊的工作任務愈有使命感，而使之對於團隊的成績表現也會較為重視的緣故。

　　（四）謝天德（民 87）從 Taylor and Strassberg 的研究中也發現到，全是女性以及男女混合的個人成長小團體，其凝聚力高於全是男性成員的團體。在 Wrisberg and Draper 研究裏亦發現，大學中女性籃球隊員的團體凝聚力，高於男性球隊。在 Carron，Colman and Wheeler（2002）三位學者以 164 篇文獻，對凝聚力與運動表現之間做相關研究，發現凝聚力與運動表現之間是有高度相關，而女性比男性在凝聚力與運動表現上有較強的相關性（李建志，民 92）。

第七節　本章小結

　　由專家學者的研究結果，凝聚力是運動團隊生命不可或缺的力量，其理由有以下四點（李秀穗，民 90）：

　　第一、沒有凝聚力團隊無法生存。

　　第二、凝聚力與一連串的團體過程，如溝通、服從，滿足感及成績表現關係密切。

　　第三、運動員對社會需要滿足的來源愈來愈受限於運動團隊，且減少與其他團體的親密關係。

　　第四、運動團隊最根本的目標是團隊成功，欲達成此一目標，更非借助工作凝聚力不可。

　　其次，就凝聚力定義內容看，Carron（1982）指出，凝聚力是包含成員彼此緊密結合在一起的社會凝聚力和共同完成團隊目的和目標的工作凝聚力（林金杉，民 91）。Festinger et al.（1963）也指出，團隊凝聚力就是「引起成員持續留在團隊中的總和力量」，而這力量又可細分為團隊的吸引力和手段控制。前者是指團隊對所有成員具有正面的存在價值；後者是指團隊提供的目標被隊員認為是重要的。Enoch & McLemire（1976）指出，凝聚力是一種吸引力，依

其大小可分為內在的吸引力和工具的吸引力。Evans & Jarvis
（1980）則提出凝聚力是個人內部的吸引力和吸引到團隊的
力量。此外，Cartwright & Zander（1968）認為，團隊凝聚
力又可分為社會凝聚力和工作凝聚力。所謂社會凝聚力是
指，團隊中的每一個成員相互喜歡對方並接納對方成為隊上
一員的程度。工作凝聚力則是指，一個團隊的所有成員可以
一起合作完成某項特定任務的力量。Mikalacki（1969）也認
為，團隊中的社會凝聚力和工作凝聚力是影響團隊凝聚力高
低的重要因素。綜合上述有關團隊凝聚力定義的文獻可知，
團隊凝聚力主要包含了工作凝聚力和社會凝聚力二個構
面，而且可能是同時並存於團隊中而相互獨立的。

　　團體凝聚力在不同的團體類型和團體過程中是很重要的
變項，必須要有系統的去測量每個個別團體凝聚力的母群。
長久以來團體凝聚力的測量。是受到研究者們的爭論，團體
凝聚力的測量，主要依照研究者對於團體凝聚力的定義，以
及團體的特性，而有不同的測量方式。

　　包括自填式量表、社會計量法、觀察法三種，這三種方
法是常用來測量團體凝聚力，可以單一使用，也可以混合
使用。

（一）自填式量表

問卷是最常被使用的工具之一，通常是以自填的方式，來填寫問卷，學者在不同的團體中，會使用不同的量表，來測量團體凝聚力的結果，主要依照不同的團體性質，選擇不同測量量表。

（二）社會計量法

此種方式是要求團體成員寫出參與不同活動時，他最希望和誰一起參加，將名字寫下，或者寫出他好朋友的名字，計算出每個人選擇的人是團體中的人的數目，以推測這個團體凝聚力的程度（楊，1997）。

（三）觀察法

可以分為語言、非語言及行為二種，語言方面，包括在團體討論中使用「我」或「我們」的次數、自我揭露、回饋、發問、面質或沉默的頻率。非語言及行為的範圍較廣，包括成員的出席率、彼此座位的距離、與其他人說話時眼神的接觸、分享、情緒支持及信任等（Orecher et al.，1985）。

在許多過去的研究文獻中大部份運動代表隊，因為運動成績表現的關係而提高了團隊凝聚力，只有少數的研究支持

由於凝聚力的關係提高了成績表現（盧俊宏，民 83；蔡秋豪，民 85）。而記載凝聚力與表現呈負向關係的研究，都僅僅使用人際關係吸引力的測驗工具，例如社會關係圖，或是運動凝聚力問卷（Sport Cohesiveness Questionnaire，SCQ）中的人際吸引力題目，基本上在人際吸引力高的團隊，比較可能會不成功。但是，工作凝聚力和社會凝聚力同時被評估時，發現到混合性的結果，就是當測量工作凝聚力時，凝聚力與表現呈正向關係，但測量社會凝聚力時則沒有正向關係。在 1985 年以前的研究主要以社會凝聚力為測量方向、並沒有工作凝聚力方面的測量，這些可能是引起不一致結果的原因（Weinberg & Gould，1999）。

在近期的研究中，少數學者就運動選手個人背景變項（包括性別、角色的表現、年齡、加入校隊的時間、運動經驗等）進行研究，但均侷限於少數幾個項目，並未全面探討運動選手個人背景變項與團隊凝聚力的關係；是故，本研究乃針對此作一廣泛全面的探討，期能對桌球運動選手背景變項（包括選手個人成績表現）與團隊凝聚力間的關係有所瞭解，以作為我國發展桌球運動之參考。

第三章　研究方法與步驟

本章的內容分為以下五個部份：第一節、研究架構；第二節、研究對象；第三節、研究工具；第四節、研究步驟；第五節、資料處理與分析。

第一節　研究架構

本研究架構如圖五所示：

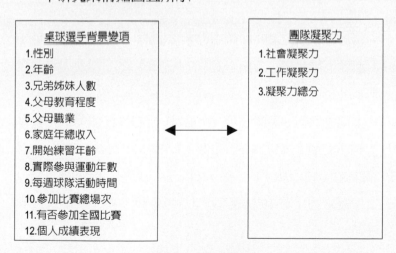

桌球選手背景變項
1.性別
2.年齡
3.兄弟姊妹人數
4.父母教育程度
5.父母職業
6.家庭年總收入
7.開始練習年齡
8.實際參與運動年數
9.每週球隊活動時間
10.參加比賽總場次
11.有否參加全國比賽
12.個人成績表現

團隊凝聚力
1.社會凝聚力
2.工作凝聚力
3.凝聚力總分

圖 5　研究架構

註：0.目前參與隊伍：□小學□國中□高中□大專以上□社會(乙)□社會(甲)

第二節　研究對象

本研究採用叢集取樣法，選取國內一所大學（16 人），四所高中（共 54 人）及一所國中（7 人）之桌球校隊選手，男（40 人）、女（37 人）選手共 77 人（有效問卷大學 14 人，高中 41 人，國中 6 人；共 63 人），作為研究樣本。因本研究選取球隊數不多，所以對所有選手實施普測。

第三節　研究工具

為達本研究之目的，使用的測量團隊凝聚力的工具是類似「團隊情境量表」，由吾等所自行編製之「運動團隊凝聚力因素分析問卷」。

本問卷共計 40 個題項（如附錄一），包括「工作凝聚力」和「社會凝聚力」兩個向度，其中「社會凝聚力」有 10 個題項（13，18，19，20，21，24，29，30，31，32）；「工作凝聚力」有 30 個題項，其中第 38、39、40 題為反向計分題。

本研究量表計分方式採用李克特（Likter）五點量表尺度，分成「很願（同）意」、「願（同）意」、「沒意見」、

「不願（同）意」、「很不願（同）意」五個選項。分別給予 5、4、3、2、1 分。除了量表題項外，並詢問選手個人背景資料，包括回收樣本之參賽級別、性別、年齡、兄弟姊妹人數、父母教育程度、父母職業、家庭年總收入、開始練習年齡、實際參與運動年數、每週球隊活動時間、參加比賽總場次、有否參加全國比賽、個人成績表現等，以做為不同選手背景變項之特性。

第四節　研究步驟

本研究的實施步驟分為蒐集資料、選取研究工其、訂定研究計畫、行政協調與取樣、實施預測、實施正式測驗、資料分析與撰寫論文等八個部分，茲分別說明如下：

一、蒐集資料

依據研究動機，就「團隊凝聚力的意義及重要性」、「團隊凝聚力的概念體系及模式」、「團隊凝聚力的形成」、「影響團隊凝聚力的因素」、「團隊凝聚力的測量」、「團隊凝聚力的相關研究」等主要概念蒐集國內外相關資料。

二、選取研究工具

配合本研究之目的及蒐集之相關資料，選取適合之「運動團隊凝聚力」測量項目與方式，而以自編之「運動團隊凝聚力因素分析問卷」為研究測量工具。

三、訂定研究計畫

整理主要概念資料，分析國內外相關資料，以「運動選手背景變項與團隊凝聚力相關」為主軸，撰寫研究計畫。

四、行政協調與取樣

於民國 91 年 11 月起選定問卷調查對象學校，與該校桌球校隊教練洽談測驗研究事宜。獲得同意後，再對該校桌球校隊，所有隊員實施「運動選手背景變項與團隊凝聚力相關」問卷調查。

五、實施預測

在實施「運動選手背景變項與團隊凝聚力相關」問卷調查前，先對台北市某高中桌球選手實施預測，並研討刪改問

卷中不適宜的題目，確定正式施測題目，此一準備過程（預測工作）在測驗前一週完成。

六、實施正式測驗

事先妥為安排問卷調查的時間，準時前往問卷調查地點；並需嚴格遵守實施問卷調查時的標準程序，以確保問卷調查之順利進行。

七、資料分析

所得資料以 SPSS10.0 版之統計套裝程式，進行單因子變數分析，本研究之統計考驗顯著水準定為 $\alpha = 0.05$。

八、撰寫論文

分析正式施測的結果並加以討論，據以撰寫研究報告。

實施步驟流程如圖 6 所示：

本研究於民國九十二年一月起，於國內一所大學，四所高中及一所國中對其桌球校隊選手實施問卷調查。研究步驟流程如圖 6 所示：

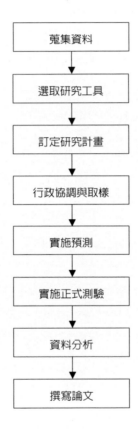

圖 6　研究步驟流程

第五節 資料處理與分析

本研究所獲得資料，除了與實驗樣本有關之基本資料外，尚包括「運動團隊凝聚力因素分析問卷」之問卷資料。為配合本研究假設之考驗，以單因子變異數分析來驗證「選手背景變項」與「團隊凝聚力」之關係。本研究之統計考驗顯著水準定為 $\alpha = 0.05$。

第四章　　結果與討論

　　本研究採用叢集取樣法，選取國內一所大學（16 人），四所高中（共 54 人）及一所國中（7 人）之桌球校隊選手，男（40 人）、女（37 人）選手共 77 人（有效問卷大學 14 人，高中 41 人，國中 6 人；共 63 人），作為研究樣本。

　　因本研究國中層級之樣本人數不多，僅可進行不同球隊層級對團隊凝聚力差異之分析，不足以進行其他項目之分析，所以僅採用大專組（14 人），高中組（41 人），共 55 人對以下幾個部份實施單因子變異數分析並進行討論：

　　一、不同年齡層的桌球選手其團隊凝聚力是否有差異？

　　二、不同性別的桌球選手其團隊凝聚力是否有差異？

　　三、兄弟姊妹人數不同的桌球選手其團隊凝聚力是否有差異？

　　四、父母教育程度不同的桌球選手其團隊凝聚力是否有差異？

　　五、父母職業不同的桌球選手其團隊凝聚力是否有差異？

　　六、家庭年總收入不同的桌球選手其團隊凝聚力是否有差異？

七、開始練習年齡不同的桌球選手其團隊凝聚力是否有差異？

八、實際參與運動年數不同的桌球選手其團隊凝聚力是否有差異？

九、每週花費於球隊活動時間不同的桌球選手其團隊凝聚力是否有差異？

十、參加比賽總場次不同的桌球選手其團隊凝聚力是否有差異？

十一、有無參加過全國性比賽的桌球選手其團隊凝聚力是否有差異？

十二、個人成績表現不同的桌球選手其團隊凝聚力是否有差異？

第一節　結果

一、不同年齡層的桌球選手其團隊凝聚力之差異情形

表 1-1 不同年齡層的桌球選手其團隊凝聚力之差異比較表（全部）

向度	組別	平均數	標準差	F 值	P 值	事後比較
社會凝聚力	13~16 歲（N=25）	34.40	6.14	2.393	0.101	
	17~20 歲（N=22）	36.45	7.34			
	21~22 歲（N=8）	40.13	5.14			
工作凝聚力	13~16 歲（N=25）	99.04	14.41	1.603	0.211	
	17~20 歲（N=22）	102.50	17.72			
	21~22 歲（N=8）	110.50	14.29			
凝聚力總分	13~16 歲（N=25）	133.04	19.77	2.106	0.132	
	17~20 歲（N=22）	137.59	23.23			
	21~22 歲（N=8）	150.63	18.65			

表 1-2 不同年齡層的桌球選手其團隊凝聚力之差異比較表(大專)

向度	組別	平均數	標準差	F 值	P 值	事後比較
社會凝聚力	17~20 歲（N=6）	41.33	5.35	0.183	0.676	
	21~22 歲（N=8）	40.13	5.14			
工作凝聚力	17~20 歲（N=6）	113.17	16.82	0.103	0.754	
	21~22 歲（N=8）	110.50	14.29			
凝聚力總分	17~20 歲（N=6）	149.50	19.02	0.012	0.914	
	21~22 歲（N=8）	150.63	18.65			

表1-3 不同年齡層的桌球選手其團隊凝聚力之差異比較表(高中)

向度	組別	平均數	標準差	F 值	P 值	事後比較
社會凝聚力	13~16 歲（N=25）	34.40	6.14	0.011	0.916	
	17~20 歲（N=16）	34.63	7.27			
工作凝聚力	13~16 歲（N=25）	99.04	14.41	0.012	0.913	
	17~20 歲（N=16）	98.50	16.81			
凝聚力總分	13~16 歲（N=25）	133.04	19.77	0.000	0.990	
	17~20 歲（N=16）	133.13	23.60			

　　由以上表 1-1 至 1-3 可看出不同年齡層的桌球選手，無論是全部的（表 1-1）或是大專組（表 1-2）及高中組（表 1-3），在「社會凝聚力」、「工作凝聚力」及「凝聚力總分」等項目，13～16 歲、17～20 歲、21～22 歲等各組選手得分，均未達顯著差異。

二、不同性別的桌球選手其團隊凝聚力之差異情形

（一）全部不同性別的桌球選手其團隊凝聚力之差異比較

　　由表 2-1 可看出全部不同性別的桌球選手，在「社會凝聚力」及「凝聚力總分」項目上，女性桌球選手之得分顯著高於男性桌球選手；而在「工作凝聚力」項目上，女性桌球選手之得分與男性桌球選手沒有差異。

表 2-1 不同性別桌球選手其團隊凝聚力之差異檢定表(全部)

向度	組別	平均數	標準差	t 值	P 值
社會 凝聚力	男生（N=30）	33.30	6.82	13.780*	0.000
	女生（N=25）	39.36	4.90		
工作 凝聚力	男生（N=30）	98.80	18.77	2.893	0.095
	女生（N=25）	106.04	10.95		
凝聚力 總分	男生（N=30）	131.10	24.04	6.238*	0.016
	女生（N=25）	145.00	15.32		

*P<.05

（二）大專組不同性別的桌球選手其團隊凝聚力之差異比較

表 2-2 不同性別桌球選手其團隊凝聚力之差異檢定表(大專)

向度	組別	平均數	標準差	t 值	P 值
社會 凝聚力	男生（N=5）	41.40	3.91	0.163	0.694
	女生（N=9）	40.22	5.78		
工作 凝聚力	男生（N=5）	120.20	11.30	2.972	0.110
	女生（N=9）	106.89	14.95		
凝聚力 總分	男生（N=5）	155.60	13.22	0.692	0.422
	女生（N=9）	147.11	20.36		

　　由上表（2-2）可看出大專組不同性別的桌球選手，在「社會凝聚力」、「工作凝聚力」及「凝聚力總分」項目上，女性桌球選手之得分與男性桌球選手均沒有差異。

（三）高中組不同性別的桌球選手其團隊凝聚力之差異情形

　　由表 2-3 可看出高中組不同性別的桌球選手，在「社會凝聚力」、「工作凝聚力」及「凝聚力總分」項目上，女性桌球選手之得分均顯著高於男性桌球選手。

表 2-3 不同性別桌球選手其團隊凝聚力之差異檢定表(高中)

向度	組別	平均數	標準差	t 值	P 值
社會凝聚力	男生（N=25）	31.68	6.11	16.508*	0.000
	女生（N=16）	38.88	4.46		
工作凝聚力	男生（N=25）	94.52	17.03	5.772*	0.021
	女生（N=16）	105.56	8.49		
凝聚力總分	男生（N=25）	126.20	22.78	8.026*	0.007
	女生（N=16）	143.81	12.25		

*P<.05

三、兄弟姊妹人數不同的桌球選手其團隊凝聚力之差異比較

表 3-1 不同兄弟姊妹人數的桌球選手其團隊凝聚力
之差異比較表（全部）

向度	組別	平均數	標準差	F 值	P 值	事後比較
社會凝聚力	1 人（N=16）	35.69	1.09	0.207	0.814	
	2~3 人（N=29）	35.83	1.48			
	4~5 人（N=10）	37.30	1.96			
工作凝聚力	1 人（N=16）	99.50	11.73	0.471	0.627	
	2~3 人（N=29）	102.24	17.85			
	4~5 人（N=10）	105.80	16.92			
凝聚力總分	1 人（N=16）	134.56	14.77	0.481	0.619	
	2~3 人（N=29）	137.03	24.41			
	4~5 人（N=10）	143.10	22.62			

表 3-2 不同兄弟姊妹人數的桌球選手其團隊凝聚力
之差異比較表（大專）

向度	組別	平均數	標準差	F 值	P 值	事後比較
社會凝聚力	1 人（N=3）	38.33	1.53	0.358	0.707	
	2~3 人（N=7）	41.29	5.79			
	4~5 人（N=4）	41.25	5.97			
工作凝聚力	1 人（N=3）	101.00	12.49	1.065	0.378	
	2~3 人（N=7）	115.86	14.46			
	4~5 人（N=4）	112.25	16.70			
凝聚力總分	1 人（N=3）	139.33	14.01	0.647	0.542	
	2~3 人（N=7）	152.86	17.71			
	4~5 人（N=4）	153.50	22.55			

表 3-3 不同兄弟姊妹人數的桌球選手其團隊凝聚力
之差異比較表（高中）

向度	組別	平均數	標準差	F 值	P 值	事後比較
社會凝聚力	1 人（N=13）	35.08	4.61	0.092	0.912	
	2~3 人（N=22）	34.09	7.87			
	4~5 人（N=6）	34.67	5.16			
工作凝聚力	1 人（N=13）	99.15	12.05	0.130	0.878	
	2~3 人（N=22）	97.91	16.85			
	4~5 人（N=6）	101.50	17.10			
凝聚力總分	1 人（N=13）	133.46	15.27	0.091	0.913	
	2~3 人（N=22）	132.00	24.39			
	4~5 人（N=6）	136.17	21.73			

　　由以上表 3-1 至 3-3 可看出不同兄弟姊妹人數的桌球選
手，無論是全部的（表 3-1）或是大專組（表 3-2）及高中組
（表 3-3），在「社會凝聚力」、「工作凝聚力」及「凝聚
力總分」等項目，1 人、2～3 人、4～5 人等各組選手得分，
均未達顯著差異。

四、父母教育程度不同的桌球選手其團隊凝聚力之差異情形

表 4-1 父母親不同教育程度的桌球選手其團隊凝聚力
之差異比較表（全部）

向度	組別	平均數	標準差	F 值	P 值	事後比較
社會凝聚力	國中以下（N=16）	32.94	8.89	2.016	0.106	
	高中職（N=17）	35.53	5.10			
	專科（N=13）	38.46	4.58			
	大學（N=7）	39.86	5.43			
	研究所以上（N=2）	36.50	7.78			
工作凝聚力	國中以下（N=16）	95.69	22.14	1.398	0.248	
	高中職（N=17）	101.76	9.09			
	專科（N=13）	104.92	13.67			
	大學（N=7）	111.43	12.42			
	研究所以上（N=2）	105.00	24.04			
凝聚力總分	國中以下（N=16）	128.63	30.67	1.244	0.304	
	高中職（N=17）	137.29	13.57			
	專科（N=13）	142.62	17.41			
	大學（N=7）	147.00	13.22			
	研究所以上（N=2）	141.50	31.82			

表 4-2 父母親不同教育程度的桌球選手其團隊凝聚力
之差異比較表（大專）

向度	組別	平均數	標準差	F 值	P 值	事後比較
社會凝聚力	國中以下（N=2）	38.00	9.90	0.530	0.672	
	高 中 職（N=3）	41.00	3.61			
	專　　科（N=6）	39.83	5.12			
	大　　學（N=3）	43.67	4.04			
工作凝聚力	國中以下（N=2）	112.00	31.11	0.308	0.819	
	高 中 職（N=3）	109.67	11.02			
	專　　科（N=6）	108.67	15.56			
	大　　學（N=3）	119.33	10.12			
凝聚力總分	國中以下（N=2）	150.00	41.01	0.033	0.991	
	高 中 職（N=3）	150.67	14.01			
	專　　科（N=6）	148.50	20.23			
	大　　學（N=3）	153.00	6.56			

表 4-3 父母親不同教育程度的桌球選手其團隊凝聚力
之差異比較表（高中）

向度	組別	平均數	標準差	F 值	P 值	事後比較
社會凝聚力	國中以下（N=14）	32.21	8.89	0.941	0.451	
	高中職（N=14）	34.36	4.65			
	專　科（N=7）	37.29	4.07			
	大　學（N=4）	37.00	4.76			
	研究所以上（N=2）	36.50	7.78			
工作凝聚力	國中以下（N=14）	93.36	21.08	0.800	0.533	
	高中職（N=14）	100.07	8.09			
	專　科（N=7）	101.71	12.07			
	大　學（N=4）	105.50	11.45			
	研究所以上（N=2）	105.00	24.04			
凝聚力總分	國中以下（N=14）	126.57	29.60	0.803	0.531	
	高中職（N=14）	134.43	12.09			
	專　科（N=7）	137.57	14.18			
	大　學（N=4）	142.50	16.05			
	研究所以上（N=2）	141.50	31.82			

　　由以上表 4-1 至 4-3 可看出父母教育程度不同的桌球選手，無論是全部的（表 4-1）或是大專組（表 4-2）及高中組（表 4-3），在「社會凝聚力」、「工作凝聚力」及「凝聚力總分」等項目，國中以下、高中職、專科、大學、研究所以上等各組選手得分，均未達顯著差異。

五、父母職業不同的桌球選手其團隊凝聚力之差異情形

由以下表 5-1 至 5-3 可看出父母職業不同的桌球選手，無論是全部的（表 5-1）或是大專組（表 5-2）及高中組（表 5-3），在「社會凝聚力」、「工作凝聚力」及「凝聚力總分」等項目，軍公教、勞工、商、自由業等各組選手得分，均未達顯著差異。

表 5-1 父母親職業不同的桌球選手其團隊凝聚力之差異比較表（全部）

向度	組別	平均數	標準差	F 值	P 值	事後比較
社會凝聚力	軍公教（N=12）	37.33	5.03	0.747	0.529	
	勞工（N=12）	36.17	5.84			
	商（N=23）	34.61	8.26			
	自由業（N=8）	38.13	4.91			
工作凝聚力	軍公教（N=12）	104.33	14.72	0.799	0.500	
	勞工（N=12）	103.42	13.42			
	商（N=23）	98.39	18.58			
	自由業（N=8）	107.38	13.27			
凝聚力總分	軍公教（N=12）	139.17	15.50	0.824	0.487	
	勞工（N=12）	139.58	18.59			
	商（N=23）	132.57	26.39			
	自由業（N=8）	145.50	17.32			

表 5-2 父母親職業不同的桌球選手其團隊凝聚力
之差異比較表（大專）

向度	組別	平均數	標準差	F 值	P 值	事後比較
社會凝聚力	軍公教（N=4）	41.75	4.92	0.163	0.851	
	勞工（N=3）	41.00	3.61			
	商（N=7）	39.86	6.12			
工作凝聚力	軍公教（N=4）	108.50	17.82	0.159	0.855	
	勞工（N=3）	115.33	18.50			
	商（N=7）	111.86	13.85			
凝聚力總分	軍公教（N=4）	142.75	13.89	0.495	0.622	
	勞工（N=3）	156.33	22.03			
	商（N=7）	151.71	19.78			

表 5-3 父母親職業不同的桌球選手其團隊凝聚力
之差異比較表（高中）

向度	組別	平均數	標準差	F 值	P 值	事後比較
社會凝聚力	軍公教（N=8）	35.13	3.56	1.506	0.229	
	勞工（N=9）	34.56	5.66			
	商（N=16）	32.31	8.16			
	自由業（N=8）	38.13	4.91			
工作凝聚力	軍公教（N=8）	102.25	13.77	2.063	0.122	
	勞工（N=9）	99.44	9.54			
	商（N=16）	92.50	17.55			
	自由業（N=8）	107.38	13.27			
凝聚力總分	軍公教（N=8）	137.38	16.84	2.171	0.108	
	勞工（N=9）	134.00	14.61			
	商（N=16）	124.19	24.88			
	自由業（N=8）	145.50	17.32			

六、家庭年總收入不同的桌球選手其團隊凝聚力之差異情形

表 6-1 家庭年總收入不同的桌球選手其團隊凝聚力之差異比較表（全部）

向度	組別	平均數	標準差	F 值	P 值	事後比較
社會凝聚力	30 萬以下（N=24）	32.25	8.04	0.536	0.660	
	31~60 萬（N=15）	35.47	6.21			
	61~100 萬（N=10）	38.20	5.45			
	100 萬以上（N=6）	37.17	3.43			
工作凝聚力	30 萬以下（N=24）	99.92	20.51	1.306	0.283	
	31~60 萬（N=15）	98.60	10.03			
	61~100 萬（N=10）	109.10	10.87			
	100 萬以上（N=6）	107.83	11.62			
凝聚力總分	30 萬以下（N=24）	135.17	28.20	0.843	0.477	
	31~60 萬（N=15）	133.40	15.34			
	61~100 萬（N=10）	144.30	11.66			
	100 萬以上（N=6）	145.00	14.38			

表 6-2 家庭年總收入不同的桌球選手其團隊凝聚力之差異比較表（大專）

向度	組別	平均數	標準差	F 值	P 值	事後比較
社會凝聚力	30 萬以下（N=6）	42.50	5.32	0.830	0.461	
	31~60 萬（N=3）	38.00	7.00			
	61~100 萬（N=5）	40.00	3.54			
工作凝聚力	30 萬以下（N=6）	115.67	17.31	0.957	0.414	
	31~60 萬（N=3）	101.33	14.01			
	61~100 萬（N=5）	113.00	11.77			
凝聚力總分	30 萬以下（N=6）	158.17	22.03	1.249	0.324	
	31~60 萬（N=3）	139.33	20.84			
	61~100 萬（N=5）	147.00	6.44			

表 6-3 家庭年總收入不同的桌球選手其團隊凝聚力
之差異比較表（高中）

向度	組別	平均數	標準差	F 值	P 值	事後比較
社會凝聚力	30 萬以下（N=18）	32.83	7.37	0.871	0.465	
	31~60 萬（N=12）	34.83	6.16			
	61~100 萬（N=5）	36.40	6.80			
	100 萬以上（N=6）	37.17	3.43			
工作凝聚力	30 萬以下（N=18）	94.67	19.09	1.518	0.226	
	31~60 萬（N=12）	97.92	9.48			
	61~100 萬（N=5）	105.20	9.44			
	100 萬以上（N=6）	107.83	11.62			
凝聚力總分	30 萬以下（N=18）	127.50	26.15	1.387	0.262	
	31~60 萬（N=12）	131.92	14.44			
	61~100 萬（N=5）	141.60	15.69			
	100 萬以上（N=6）	145.00	14.38			

　　由以上表 6-1 至 6-3 可看出父母職業不同的桌球選手，無論是全部的（表 6-1）或是大專組（表 6-2）及高中組（表6-3），在「社會凝聚力」、「工作凝聚力」及「凝聚力總分」等項目，30 萬以下、31~60 萬、61~100 萬、100 萬以上等各組選手得分，均未達顯著差異。

七、開始練習年齡不同的桌球選手其團隊凝聚力之差異情形

（一）全部開始練習年齡不同的桌球選手其團隊凝聚力之差異比較

　　由以下表 7-1 可看出全部開始練習年齡不同的桌球選手，在「社會凝聚力」、「工作凝聚力」及「凝聚力總分」等項目，7～10 歲組桌球選手之得分均顯著高於 11～12 歲組桌球選手。

表 7-1 開始練習年齡不同的桌球選手其團隊凝聚力
之差異比較表（全部）

向度	組別	平均數	標準差	F 值	P 值	事後比較
社會凝聚力	7~10 歲（N=35）	37.94	5.92	4.767*	0.013	7~10 歲＞11~12 歲
	11~12 歲（N=9）	31.33	8.75			
	13~16 歲（N=11）	33.91	4.99			
工作凝聚力	7~10 歲（N=35）	106.03	14.35	3.849*	0.028	7~10 歲＞11~12 歲
	11~12 歲（N=9）	91.00	19.44			
	13~16 歲（N=11）	98.64	14.17			
凝聚力總分	7~10 歲（N=35）	143.69	19.60	5.033*	0.010	7~10 歲＞11~12 歲
	11~12 歲（N=9）	122.33	28.04			
	13~16 歲（N=11）	129.82	12.70			

*P<.05

（二）大專組開始練習年齡不同的桌球選手其團隊凝聚力之差異比較

由以下表 7-2 可看出大專組開始練習年齡不同的桌球選手，在「社會凝聚力」、「工作凝聚力」及「凝聚力總分」等項目，7～10 歲、13～16 歲等二組選手得分，均未達顯著差異。

表 7-2 開始參與年齡不同的桌球選手其團隊凝聚力
之差異檢定表（大專）

向度	組別	平均數	標準差	t 值	P 值
社會凝聚力	7~10 歲（N=12）	40.50	5.14	0.062	0.807
	13~16 歲（N=2）	41.50	6.36		
工作凝聚力	7~10 歲（N=12）	110.00	14.96	1.030	0.330
	13~16 歲（N=2）	121.50	13.44		
凝聚力總分	7~10 歲（N=12）	150.50	19.62	0.030	0.865
	13~16 歲（N=2）	148.00	1.41		

（三）高中組開始練習年齡不同的桌球選手其團隊凝聚力之差異比較

由以下表 7-3 可看出高中組開始練習年齡不同的桌球選手，在「工作凝聚力」及「凝聚力總分」等項目，7~10 歲組桌球選手之得分均顯著高於 11~12 歲組桌球選手；而在「社會凝聚力」項目，7~10 歲、11~12 歲、13~16 歲等各組選手得分，均未達顯著差異。

表 7-3 開始參與年齡不同的桌球選手其團隊凝聚力
之差異比較表（高中）

向度	組別	平均數	標準差	F 值	P 值	事後比較
社會 凝聚力	7~10 歲（N=23）	36.61	5.95	3.115	0.056	
	11~12 歲（N=9）	31.33	8.75			
	13~16 歲（N=9）	32.22	2.91			
工作 凝聚力	7~10 歲（N=23）	103.96	13.90	3.417*	0.043	7~10 歲＞ 11~12 歲
	11~12 歲（N=9）	91.00	19.44			
	13~16 歲（N=9）	93.56	8.28			
凝聚力 總分	7~10 歲（N=23）	140.13	19.04	3.357*	0.045	7~10 歲＞ 11~12 歲
	11~12 歲（N=9）	122.33	28.04			
	13~16 歲（N=9）	125.78	10.02			

*P<.05

八、實際參與運動年數不同的桌球選手其團隊凝聚力
之差異情形

表 8-1 參與年數不同的桌球選手其團隊凝聚力之差異比較表
（全部）

向度	組別	平均數	標準差	F 值	P 值	事後比較
社會 凝聚力	3~5 年（N=8）	34.88	7.77	0.141	0.869	
	5~10 年（N=31）	36.23	7.02			
	10~15 年（N=16）	36.31	5.84			
工作 凝聚力	3~5 年（N=8）	98.13	18.07	0.421	0.658	
	5~10 年（N=31）	101.87	17.08			
	10~15 年（N=16）	104.50	13.04			
凝聚力 總分	3~5 年（N=8）	133.00	25.25	0.371	0.692	
	5~10 年（N=31）	136.81	22.45			
	10~15 年（N=16）	140.81	18.41			

表 8-2 參與年數不同的桌球選手其團隊凝聚力之差異檢定表

（大專）

向度	組別	平均數	標準差	t 值	P 值
社會凝聚力	5~10 年（N=5）	41.60	6.02	0.262	0.618
	10~15 年（N=9）	40.11	4.76		
工作凝聚力	5~10 年（N=5）	111.80	20.41	0.001	0.978
	10~15 年（N=9）	111.56	12.26		
凝聚力總分	5~10 年（N=5）	147.40	22.70	0.168	0.689
	10~15 年（N=9）	151.67	16.31		

表 8-3 參與年數不同的桌球選手其團隊凝聚力之差異比較表

（高中）

向度	組別	平均數	標準差	F 值	P 值	事後比較
社會凝聚力	3~5 年（N=8）	34.88	7.77	0.935	0.402	
	5~10 年（N=26）	35.19	6.82			
	10~15 年（N=7）	31.43	2.37			
工作凝聚力	3~5 年（N=8）	98.13	18.07	0.247	0.783	
	5~10 年（N=26）	99.96	16.13			
	10~15 年（N=7）	95.43	7.35			
凝聚力總分	3~5 年（N=8）	133.00	25.25	0.377	0.688	
	5~10 年（N=26）	134.77	22.26			
	10~15 年（N=7）	126.86	9.44			

　　由以上表 8-1 至 8-3 可看出實際參與運動年數不同的桌球選手，無論是全部的（表 8-1）或是大專組（表 8-2）及高中組（表 8-3），在「社會凝聚力」、「工作凝聚力」及「凝聚力總分」等項目，3～5 年、5～10 年、10～15 年等各組選手得分，均未達顯著差異。

九、每週花費於球隊活動時間不同的桌球選手其團隊凝聚力是之差異情形

（一）全部每週參與時數不同的桌球選手其團隊凝聚力之差異比較

　　由以下表 9-1 可看出全部每週參與球隊活動時數不同的桌球選手，在「社會凝聚力」、「工作凝聚力」及「凝聚力總分」等項目，1 小時以下、4～8 小時、8～16 小時、1～3 天、4～7 天等各組選手得分，均未達顯著差異。

表 9-1 每週參與時數不同的桌球選手其團隊凝聚力

之差異比較表（全部）

向度	組別	平均數	標準差	F 值	P 值	事後比較
社會 凝聚力	1 小時以下（N=7）	33.43	10.15	1.076	0.379	
	4~8 小時（N=15）	34.00	5.72			
	8~16 小時（N=14）	37.50	6.15			
	1~3 天（N=6）	36.67	3.88			
	4~7 天（N=13）	38.00	7.02			
工作 凝聚力	1 小時以下（N=7）	96.14	23.95	0.657	0.625	
	4~8 小時（N=15）	98.73	15.48			
	8~16 小時（N=14）	105.64	15.30			
	1~3 天（N=6）	103.83	11.16			
	4~7 天（N=13）	104.54	14.89			
凝聚力 總分	1 小時以下（N=7）	129.57	33.87	0.653	0.627	
	4~8 小時（N=15）	132.73	20.76			
	8~16 小時（N=14）	141.00	18.35			
	1~3 天（N=6）	140.50	14.60			
	4~7 天（N=13）	141.77	21.25			

（二）大專組每週參與時數不同的桌球選手其團隊凝聚力
　　之差異比較

表 9-2 每週參與時數不同的桌球選手其團隊凝聚力
之差異比較表（大專）

向度	組別	平均數	標準差	F 值	P 值	事後比較
社會 凝聚力	1 小時以下（N=4）	38.75	8.02	1.220	0.352	
	4~8 小時（N=3）	38.33	1.53			
	8~16 小時（N=5）	44.00	3.39			
	1~3 天（N=2）	39.50	0.71			
工作 凝聚力	1 小時以下（N=4）	110.50	19.28	0.820	0.512	
	4~8 小時（N=3）	101.33	12.34			
	8~16 小時（N=5）	118.60	14.84			
	1~3 天（N=2）	112.60	1.41			
凝聚力 總分	1 小時以下（N=4）	149.25	27.18	0.490	0.697	
	4~8 小時（N=3）	139.67	13.87			
	8~16 小時（N=5）	156.60	16.59			
	1~3 天（N=2）	151.50	0.71			

　　由以上表 9-2 可看出大專組每週參與時數不同的桌球選
手，在「社會凝聚力」、「工作凝聚力」及「凝聚力總分」
等項目，1 小時以下、4~8 小時、8~16 小時、1~3 天等各組
選手得分，均未達顯著差異。

（三）高中組每週參與時數不同的桌球選手其團隊凝聚力之差異比較

由以下表 9-3 可看出高中組每週參與時數不同的桌球選手，在「社會凝聚力」項目，每週參與時數 4～7 天桌球選手之得分顯著高於每週參與 1 小時以下桌球選手；而在「工作凝聚力」及「凝聚力總分」等項目，1 小時以下、4～8 小時、8～16 小時、1～3 天、4～7 天等各組選手得分，均未達顯著差異。

表 9-3 每週參與時數不同的桌球選手其團隊凝聚力
之差異比較表（高中）

向度	組別	平均數	標準差	F 值	P 值	事後比較
社會凝聚力	1 小時以下（N=3）	26.33	8.96	2.728*	0.044	4~7 天>1 小時以下
	4~8 小時（N=12）	32.92	5.90			
	8~16 小時（N=9）	33.89	3.82			
	1~3 天（N=4）	35.25	4.11			
	4~7 天（N=13）	38.00	7.02			
工作凝聚力	1 小時以下（N=3）	77.00	14.18	2.279	0.080	
	4~8 小時（N=12）	98.08	16.59			
	8~16 小時（N=9）	98.44	10.33			
	1~3 天（N=4）	99.75	11.84			
	4~7 天（N=13）	104.54	14.89			
凝聚力總分	1 小時以下（N=3）	103.33	22.94	2.379	0.070	
	4~8 小時（N=12）	131.00	22.30			
	8~16 小時（N=9）	132.33	13.15			
	1~3 天（N=4）	135.00	15.30			
	4~7 天（N=13）	141.77	21.25			

*P<.05

十、參加比賽總場次不同的桌球選手其團隊凝聚力之差異情形

（一）全部參加比賽總場次不同的桌球選手其團隊凝聚力之
　　　差異比較

　　由以下表 10-1 可看出全部加比賽總場次不同的桌球選
手，在「社會凝聚力」、「工作凝聚力」及「凝聚力總分」
等項目，無、10 場以下、10～50 場、50～200 場、200～300
場、300 場以上等各組選手得分，均未達顯著差異。

表 10-1 參賽場次不同的桌球選手其團隊凝聚力
之差異比較表（全部）

向度	組別	平均數	標準差	F 值	P 值	事後比較
社會凝聚力	無（N=2）	30.50	2.12	0.673	0.646	
	10 場以下（N=2）	35.50	7.78			
	10~50 場（N=10）	34.00	3.94			
	50~200 場（N=13）	36.46	4.89			
	200~300 場（N=14）	36.14	5.04			
	300 場以上（N=14）	37.93	10.56			
工作凝聚力	無（N=2）	84.00	2.83	1.020	0.416	
	10 場以下（N=2）	102.00	18.38			
	10~50 場（N=10）	99.80	9.38			
	50~200 場（N=13）	101.00	10.08			
	200~300 場（N=14）	101.00	9.66			
	300 場以上（N=14）	108.43	26.22			
凝聚力總分	無（N=2）	114.50	0.71	0.779	0.570	
	10 場以下（N=2）	137.50	26.16			
	10~50 場（N=10）	133.80	12.88			
	50~200 場（N=13）	137.46	14.36			
	200~300 場（N=14）	136.43	13.20			
	300 場以上（N=14）	144.21	35.37			

（二）大專組參加比賽場次不同的桌球選手其團隊凝聚力
之差異比較

由以下表 10-2 可看出大專組參加比賽場次不同的桌球
選手，在「社會凝聚力」項目，比賽場次 300 場以上桌球選
手之得分顯著高於 10～50 場桌球選手；而在「工作凝聚力」
及「凝聚力總分」等項目，10～50 場、200～300 場、300
場以上等各組選手得分，均未達顯著差異。

表 10-2 參賽場次不同的桌球選手其團隊凝聚力
之差異比較表（大專）

向度	組別	平均數	標準差	F 值	P 值	事後比較
社會凝聚力	10~50 場（N=3）	36.00	4.58	4.255*	0.043	300 場以上＞10~50 場
	200~300 場（N=3）	38.00	1.00			
	300 場以上（N=8）	43.38	4.53			
工作凝聚力	10~50 場（N=3）	103.00	12.53	3.027	0.090	
	200~300 場（N=3）	100.67	11.24			
	300 場以上（N=8）	119.00	13.54			
凝聚力總分	10~50 場（N=3）	139.00	17.09	2.543	0.124	
	200~300 場（N=3）	138.67	12.22			
	300 場以上（N=8）	158.63	17.00			

*P<.05

（三）高中組參加比賽場次不同的桌球選手其團隊凝聚力之
　　　差異比較

　　由以下表 10-3 可看出高中組參加比賽總場次不同的桌球
選手，在「社會凝聚力」、「工作凝聚力」及「凝聚力總分」
等項目，無、10 場以下、10～50 場、50～200 場、200～300
場、300 場以上等各組選手得分，均未達顯著差異。

表 10-3 參賽場次不同的桌球選手其團隊凝聚力
之差異比較表（高中）

向度	組別	平均數	標準差	F 值	P 值	事後比較
社會凝聚力	無（N=2）	30.50	2.12	0.931	0.473	
	10 場以下（N=2）	35.50	7.78			
	10~50 場（N=7）	33.14	3.67			
	50~200 場（N=13）	36.46	4.89			
	200~300 場（N=11）	35.64	5.61			
	300 場以上（N=6）	30.67	12.26			
工作凝聚力	無（N=2）	84.00	2.83	0.574	0.719	
	10 場以下（N=2）	102.00	18.38			
	10~50 場（N=7）	98.43	8.50			
	50~200 場（N=13）	101.00	10.08			
	200~300 場（N=11）	101.09	9.79			
	300 場以上（N=6）	94.33	33.37			
凝聚力總分	無（N=2）	114.50	0.71	0.632	0.676	
	10 場以下（N=2）	137.50	26.16			
	10~50 場（N=7）	131.57	11.50			
	50~200 場（N=13）	137.46	14.36			
	200~300 場（N=11）	135.82	13.95			
	300 場以上（N=6）	125.00	45.53			

十一、有無參加過全國性比賽的桌球選手其團隊凝聚力之差異情形

大專組桌球選手因全都參與過全國性比賽，故無法進行比較。而由以下表 11-1 及 11-2 可看出有無參加過全國性比賽的桌球選手，在全部的（表 11-1）及高中組（表 11-2），在「社會凝聚力」、「工作凝聚力」及「凝聚力總分」等項目，有無參加過全國性比賽的桌球選手得分，均未達顯著差異。

表 11-1　有無參加全國比賽的桌球選手其團隊凝聚力
之差異檢定表（全部）

向度	組別	平均數	標準差	t 值	P 值
社會凝聚力	無（N=11）	32.64	4.86	3.757	0.058
	有（N=44）	36.91	6.87		
工作凝聚力	無（N=11）	94.45	6.47	3.267	0.076
	有（N=44）	104.00	17.11		
凝聚力總分	無（N=11）	126.18	9.13	3.951	0.052
	有（N=44）	140.23	22.85		

表 11-2　有無參加全國比賽的桌球選手其團隊凝聚力

之差異檢定表（高中）

向度	組別	平均數	標準差	t 值	P 值
社會凝聚力	無（N=11）	32.64	4.86	1.220	0.276
	有（N=30）	35.17	6.97		
工作凝聚力	無（N=11）	94.45	6.47	1.255	0.269
	有（N=30）	100.43	17.14		
凝聚力總分	無（N=11）	126.18	9.13	1.636	0.208
	有（N=30）	135.60	23.62		

十二、個人成績表現不同的桌球選手其團隊凝聚力之差異情形

由以下表 12-1 至 12-3 可看出個人成績表現不同的桌球選手，無論是全部的（表 12-1）或是大專組（表 12-2）及高中組（表 12-3），在「社會凝聚力」、「工作凝聚力」及「凝聚力總分」等項目，未得名、第一名、第二名、第三名、第四名等各組選手得分，均未達顯著差異。

表 12-1 個人成績不同的桌球選手其團隊凝聚力之差異比較表（全部）

向度	組別	平均數	標準差	F 值	P 值	事後比較
社會凝聚力	無（N=19）	35.16	5.60	0.718	0.584	
	第一名（N=18）	37.56	6.29			
	第二名（N=8）	35.50	10.41			
	第三名（N=6）	37.67	4.89			
	第四名（N=4）	32.25	7.76			
工作凝聚力	無（N=19）	102.00	12.42	1.542	0.204	
	第一名（N=18）	105.89	16.56			
	第二名（N=8）	94.25	18.39			
	第三名（N=6）	108.83	16.79			
	第四名（N=4）	91.00	18.94			
凝聚力總分	無（N=19）	135.05	14.67	1.405	0.246	
	第一名（N=18）	143.44	22.40			
	第二名（N=8）	129.75	28.52			
	第三名（N=6）	146.50	21.25			
	第四名（N=4）	123.25	26.70			

表 12-2　個人成績不同的桌球選手其團隊凝聚力
之差異比較表（大專）

向度	組別	平均數	標準差	F 值	P 值	事後比較
社會凝聚力	無（N=4）	40.75	3.77	0.008	0.992	
	第一名（N=8）	40.50	6.07			
	第二名（N=2）	41.00	5.66			
工作凝聚力	無（N=4）	115.25	11.44	0.344	0.716	
	第一名（N=8）	111.75	16.77			
	第二名（N=2）	104.00	18.38			
凝聚力總分	無（N=4）	148.50	5.97	0.132	0.878	
	第一名（N=8）	152.25	22.24			
	第二名（N=2）	145.00	24.04			

表 12-3　個人成績不同的桌球選手其團隊凝聚力
之差異比較表（高中）

向度	組別	平均數	標準差	F 值	P 值	事後比較
社會凝聚力	無（N=15）	33.67	5.09	0.562	0.691	
	第一名（N=10）	35.20	5.67			
	第二名（N=6）	33.67	11.36			
	第三名（N=6）	37.67	4.89			
	第四名（N=4）	32.25	7.76			
工作凝聚力	無（N=15）	98.47	10.34	1.438	0.241	
	第一名（N=10）	101.20	15.63			
	第二名（N=6）	91.00	18.85			
	第三名（N=6）	108.83	16.79			
	第四名（N=4）	91.00	18.94			
凝聚力總分	無（N=15）	131.47	14.27	1.171	0.340	
	第一名（N=10）	136.40	20.94			
	第二名（N=6）	124.67	29.99			
	第三名（N=6）	146.50	21.25			
	第四名（N=4）	123.25	26.70			

　　本研究加上國中層級之樣本，並將大專組再細分為二組
（大專、社會甲）後，另外進行不同球隊層級對團隊凝聚力
差異之分析，結果如下：

十三、球隊層級不同的桌球選手其團隊凝聚力之差異情形

表 13 球隊層級不同的桌球選手其團隊凝聚力之差異比較表

向度	組別	平均數	標準差	F 值	P 值	事後比較
社會凝聚力	國中（N=6）	37.17	5.23	3.527*	0.20	大專＞高中
	高中（N=41）	34.49	6.52			
	大專（N=11）	40.73	5.46			
	社會甲（N=3）	40.33	4.16			
工作凝聚力	國中（N=6）	101.5	6.53	2.685*	0.055	社會甲＞高中
	高中（N=41）	98.83	15.19			
	大專（N=11）	111.00	16.83			
	社會甲（N=3）	114.00	2.65			
凝聚力總分	國中（N=6）	138.67	11.64	2.621	0.059	
	高中（N=41）	133.07	21.06			
	大專（N=11）	149.00	20.22			
	社會甲（N=3）	154.33	6.81			

*P<.05

　　由以上表 13 可看出在「社會凝聚力」項目，大專組桌球選手之得分顯著高於高中組桌球選手；在「工作凝聚力」項目則是社會甲組桌球選手之得分顯著高於高中組桌球選手；而在「凝聚力總分」項目，國中、高中、大專、社會甲等各組選手得分，均未達顯著差異。

第二節　討論

以下就本研究所作結果，提出幾點加以討論：

一、不同性別的桌球選手其團隊凝聚力差異之討論

本研究結果發現（表 2-1）全部不同性別的桌球選手，在「社會凝聚力」及「凝聚力總分」項目上，女性桌球選手之得分顯著高於男性桌球選手；另外（表 2-3）高中組不同性別的桌球選手，在「社會凝聚力」、「工作凝聚力」及「凝聚力總分」項目上，女性桌球選手之得分均顯著高於男性桌球選手。而在（表 2-2）大專組不同性別的桌球選手，在「社會凝聚力」、「工作凝聚力」及「凝聚力總分」項目上，女性桌球選手之得分與男性桌球選手均沒有差異。

根據吳慧卿（民 91）以 227 位公私立大學院校桌球選手所作研究結果顯示就性別而言，大學院校桌球選手之團隊凝聚力，經分析比較，並未發現有任何差異存在，此研究結果與本研究之結果一致。但此研究結果與蔣憶德、陳淑滿及葉志仙（民 90）之研究結果不一致；該研究以四項球類運動選手男、女共 530 人（包含棒球 203 人，籃球 118 人，排球 112 人，足球 97 人）為研究對象，結果發現男選手之

工作凝聚力較女選手高。針對此不一致，研究者認為應該是由於研究對象的不同，而導致研究結果的不同。

二、開始練習年齡不同的桌球選手其團隊凝聚力差異之討論

　　本研究結果發現（表 7-1）全部開始練習年齡不同的桌球選手，在「社會凝聚力」、「工作凝聚力」及「凝聚力總分」等項目，7～10 歲組桌球選手之得分均顯著高於 11～12 歲組桌球選手。另外（表 7-3）高中組開始練習年齡不同的桌球選手，在「工作凝聚力」及「凝聚力總分」等項目，7～10 歲組桌球選手之得分均顯著高於 11～12 歲組桌球選手；而在「社會凝聚力」項目，7～10 歲、11～12 歲、13～16 歲等各組選手得分，均未達顯著差異。而在（表 7-2）大專組開始練習年齡不同的桌球選手，在「社會凝聚力」、「工作凝聚力」及「凝聚力總分」等項目，7～10 歲、13～16 歲等二組選手得分，均未達顯著差異。

　　根據吳慧卿（民 91）所作研究結果顯示就入隊時間而言，大學院校桌球選手之團隊凝聚力，經分析比較，並未發現有任何差異存在，此研究結果顯示，目前大學院校桌球選手的團隊凝聚力，並不因為球員加入球隊時間的長短而有顯著差異。換言之，入隊時間的多寡，並不是目前大學院校桌

球隊團隊凝聚力的重要因素。同時，由其在各個構面之平均得分接近於 4 的同意程度，也反應出目前臺灣地區大學院校桌球選手均具有高度的團隊凝聚力。此研究結果與本研究之結果一致，而且本研究結果顯示大專組桌球選手的團隊凝聚力得分高於高中組桌球選手的得分。

　　另外本研究結果顯示（表 7-3）高中組開始練習年齡不同的桌球選手，在「工作凝聚力」及「凝聚力總分」等項目，7～10 歲組桌球選手之得分均顯著高於 11～12 歲組桌球選手；顯示入隊時間的多寡，是影響高中桌球隊團隊凝聚力的重要因素，而且入隊時間較長者，有較高的團隊凝聚力。

三、每週參與球隊活動時數不同的桌球選手其團隊凝聚力差異之討論

　　由表 9-3 可看出每週參與時數不同的桌球選手，高中組的桌球選手在「社會凝聚力」項目，每週參與時數 4~7 天桌球選手之得分顯著高於每週參與 1 小時以下桌球選手；而大專組的桌球選手並無此種情形，顯示每週參與時數不同並不是目前大學院校桌球隊社會凝聚力的重要因素；但是每週參與時數不同卻是影響高中桌球隊社會凝聚力的重要因素，而且每週參與時數較長者，有較高的社會凝聚力。

　　根據吳慧卿（民 91）所作研究結果顯示就不同訓練頻率而言，大學院校桌球選手之團隊凝聚力，經分析比較，發現有顯著差異存在，其中訓練頻率在「3 天以下者」較「6 天以上」者，有較高的「團隊合作」、「團隊適應」及「人際吸引」凝聚力，而訓練頻率於「4-5 天」者較「6 天以上」者，有較高的「團隊適應」凝聚力。從以上的結果皆可看出，訓練頻率較低者其團隊凝聚力的程度優於訓練頻率高者。此結果或許可以由不同訓練頻率大學校院桌球選手知覺到的教練領導行為看出端倪，「訓練天數較低者較訓練頻率高者明顯知覺到教練的民主行為；而訓練頻率高者則較訓練頻率低者，知覺到教練較多的專制行為。Robbinson & Carron（1992）指出，「當運動員知覺到教練較多的專制行為時，運動員會產生消極的隸屬感和團隊封閉性的感覺」；而高社會支持、訓練與教學、正向回饋及民主方式的教練領導行為與高任務的凝聚力有關（Westre & Weiss，1991）。而由過去的研究結果亦發現教練的領導行為對於團隊凝聚力有預測力（陳其昌，民 82；莊豔惠，民 86；鄭敏雄等，民 81；蔣憶德等，民 90）。

　　吳慧卿所作研究結果與本研究結果並不一致，吳氏指出大學院校桌球選手之訓練頻率與團隊凝聚力成反比關係，亦即每周訓練時數愈長者團隊凝聚力愈低。而本研究結果顯示

每週參與時數不同並不影響大學院校桌球選手之團隊凝聚力；對於高中組則是每週參與時數較長者，有較高的社會凝聚力。出現如此結果不一致的原因，因是兩研究命題不盡相同所致；本研究的命題是每週參與球隊活動之時間，並不僅僅是單指球隊訓練，另外亦包含球隊聯誼活動，是故並不影響大學院校桌球選手團隊凝聚力；對於高中組則是每週參與時數較長者，顯示對於球隊有較強的歸屬感，因此會有較高的社會凝聚力。

四、參加比賽總場次不同的桌球選手其團隊凝聚力差異之討論

由表 10-2 可看出大專組參加比賽場次不同的桌球選手，在「社會凝聚力」項目，比賽場次 300 場以上桌球選手之得分顯著高於 10～50 場桌球選手；顯示比賽場次愈多的大學院校桌球選手對於球隊有較強的歸屬感，因此會有較高的社會凝聚力。而由表 10-3 可看出高中組參加比賽總場次不同的桌球選手，在「社會凝聚力」、「工作凝聚力」及「凝聚力總分」等項目，均未達顯著差異。顯示參加比賽總場次，並不是影響高中桌球隊團隊凝聚力的重要因素。

五、球隊層級不同的桌球選手其團隊凝聚力差異之討論

由表 13 可看出在「社會凝聚力」項目，大專組桌球選手之得分顯著高於高中組桌球選手；在「工作凝聚力」項目則是社會甲組桌球選手之得分顯著高於高中組桌球選手，顯示球隊層級較高者，有較高的團隊凝聚力，或許是因為球隊層級較高者，亦有較多的生活閱歷及比賽經驗，因此無論是「社會凝聚力」或「工作凝聚力」，均是球隊層級較高者得分較高。

第五章 結論與建議

第一節 結論

本研究之目的探討桌球運動之團隊凝聚力茲將本研究之結果綜述如下：

一、不同年齡層的桌球選手其團隊凝聚力沒有差異。

二-1、全部不同性別的桌球選手，在「社會凝聚力」及「凝聚力總分」項目上，女性桌球選手之得分顯著高於男性桌球選手；而在「工作凝聚力」項目上，女性桌球選手之得分與男性桌球選手沒有差異。

二-2、大專組不同性別的桌球選手其團隊凝聚力沒有差異。

二-3、高中組不同性別的桌球選手，在「社會凝聚力」、「工作凝聚力」及「凝聚力總分」項目上，女性桌球選手之得分均顯著高於男性桌球選手。

三、兄弟姊妹人數不同的桌球選手其團隊凝聚力沒有差異。

四、父母教育程度不同的桌球選手其團隊凝聚力沒有差異。

五、父母職業不同的桌球選手其團隊凝聚力沒有差異。

六、家庭年總收入不同的桌球選手其團隊凝聚力沒有差異。

七-1、全部開始練習年齡不同的桌球選手，在「社會凝聚力」、「工作凝聚力」及「凝聚力總分」等項目，7～10歲組桌球選手之得分均顯著高於11～12歲組桌球選手。

七-2、大專組開始練習年齡不同的桌球選手其團隊凝聚力沒有差異。

七-3、高中組開始練習年齡不同的桌球選手，在「工作凝聚力」及「凝聚力總分」等項目，7～10歲組桌球選手之得分均顯著高於11～12歲組桌球選手；而在「社會凝聚力」項目，各組選手得分均未達顯著差異。

八、實際參與運動年數不同的桌球選手其團隊凝聚力沒有差異。

九-1、全部每週參與球隊活動時數不同的桌球選手其團隊凝聚力沒有差異。

九-2、大專組每週參與球隊活動時數不同的桌球選手其團隊凝聚力沒有差異。

九-3、高中組每週參與球隊活動時數不同的桌球選手，

在「社會凝聚力」項目，每週參與時數 4～7 天桌球選手之得分顯著高於每週參與 1 小時以下桌球選手；而在「工作凝聚力」及「凝聚力總分」等項目，各組選手得分，均未達顯著差異。

十-1、全部參加比賽總場次不同的桌球選手其團隊凝聚力沒有差異。

十-2、大專組參加比賽總場次不同的桌球選手，在「社會凝聚力」項目，比賽場次 300 場以上桌球選手之得分顯著高於 10～50 場桌球選手；而在「工作凝聚力」及「凝聚力總分」等項目，各組選手得分均未達顯著差異。

十-3、高中組參加比賽總場次不同的桌球選手其團隊凝聚力沒有差異。

十一、有無參加過全國性比賽的桌球選手其團隊凝聚力沒有差異。

十二、個人成績表現不同的桌球選手其團隊凝聚力沒有差異。

十三、在「社會凝聚力」項目，大專組桌球選手之得分顯著高於高中組桌球選手；在「工作凝聚力」項目則是社會甲組桌球選手之得分顯著高於高中組桌球選手；而在「凝聚力總分」項目，各組選手得分均未達顯著差異。

第二節　建議

根據文獻探討與本研究的結果，以及針對本研究過程之缺失檢討，提出以下幾點建議作為爾後研究之參考。

一、在未來研究題材方面

本研究僅針對桌球運動選手探討團隊凝聚力與選手背景變項（包括選手個人成績表現）的關係，未來研究應可加入探討教練領導行為對團隊凝聚力之影響，方能完整討論影響團隊凝聚力之相關因素。

二、在研究樣本範圍方面

本研究受到時間、經費及人力的限制，實驗樣本僅選取就讀台北市之一所大學，四所高中及一所國中之桌球校隊選手，男、女選手共 77 人（有效問卷為 73 人）。無法進行更大規模實驗。因此未來的研究，可以嘗試從增加樣本數量、不同地區、不同運動項目選手、不同球隊層級為實驗樣本，相信可獲得更豐富的資料。

三、在研究方法方面

本研究採問卷調查法，基於問卷屬於自陳量表，研究者無法控制受試者據實作答，僅能假設所有受調查者均依據現有真實狀況作答，易造成誤差。因此未來研究應進行深入訪談、現場觀察或實地研究，以期獲得更正確及深入的結果。

四、對球隊組訓之建議

本研究發現高中組開始練習年齡不同的桌球選手，在「工作凝聚力」及「凝聚力總分」等項目，7～10 歲組桌球選手之得分均顯著高於 11～12 歲組桌球選手；全部開始練習年齡不同的桌球選手，在「社會凝聚力」、「工作凝聚力」及「凝聚力總分」等項目，7～10 歲組桌球選手之得分均顯著高於 11～12 歲組桌球選手。亦即較早開始練球的桌球選手有較高的團隊凝聚力；因此球隊想要有較高的團隊凝聚力，應選擇年紀較輕即已開始開始練球的桌球選手。

參考文獻

中文部份

丁一航（民 92）。國小排球選手成就動機與團隊凝聚力之相關研究。臺北市立師範學院國民教育研究所碩士論文。

王俊明‧季力康（民 88）。運動心理學論文集。台北市：心理出版社。

王櫻芬（民 89）。團體凝聚力及其測量。諮商與輔導，171，6-10。

王梅子（民 83）。建國工商專運動代表隊球員凝聚力、工作滿意與教練領導行為的關係。建國學報，13，37-86。

王耀聰、王正松（民 92）。不同項目選手知覺教練領導行為、團隊凝聚力與滿意度之相關研究。興大體育，7，143-154。

吳慧卿（民 89）。選手知覺教練領導行為、團隊衝突、團隊凝聚力及滿意度關係之實證研究。國立臺灣師範大學體育研究所博士論文。

吳慧卿（民 90）。凝聚力與運動團隊。成大體育，35，61-65。

吳慧卿（民 91）。大學校院桌球選手滿意度與團隊凝聚力關係之研究。

成大體育研究集刊，7，61-71。

李昶弘（民 92）。不同運動水準網球選手之目標取向、教練領導

行為與團隊凝聚力之相關情形。國立體育學院教練研究所碩士論文。

李秀穗（民 90）。運動團隊凝聚力。大專體育，52，130-137。

李建志（民 91）。合球選手團隊凝聚力之研究。國立臺灣師範大學體育研究所碩士論文。

李柳汶（民 92）。大學院校跆拳道教練領導行為與團隊凝聚力關係之研究。輔仁大學體育研究所碩士論文。

卓國雄（民 88）。探討教練、選手運動目標取向、選手所知覺的運動動機氣候與團隊凝聚力之相關研究。中華體育，13(3)，13-20。

卓國雄（民 88）。集體效能和團隊凝聚力對社會懈怠與拔河成績表現之影響。國立體育學院體育研究所碩士論文。

邱聯榮（民 87）。中區五專男子籃球隊團隊凝聚力、球員知覺的教練領導行為和球員滿意度對成績表現之影響。建國學報，17，135-148。

周俊三（民 91）。台灣與中國大陸籃球選手家長式領導、動機氣候、團隊凝聚力與團隊滿意等變項的預測及差異情形。國立體育學院教練研究所碩士論文。

邱旺璋（民 90）。足球教練領導行為與團隊凝聚力之研究。輔仁大學體育研究所碩士論文。

林金杉（民 90）。拔河運動教練領導行為與團隊凝聚力之相關研究。國立台灣體育學院體育研究所碩士論文。

林清和（民 90）。教練心理學。台北市：文史哲。

馬君萍（民 92）。女子壘球選手知覺教練領導行為、知覺動機氣候、團隊凝聚力與內在動機之相關研究。教練科學，2，88-101。

陳長明、廖運榮（民 91）。競爭與合作對團隊凝聚力的影響。大專體育，59，101-107。

陳瑞、周桂如（民 91）。團體凝聚力。慈濟護理雜誌，1(1)，23-28。

陳秀惠（民 86）。運動團隊凝聚力與教練領導的關係。東師體育，4，19-24。

陳其昌（民 86）。排球教練領導行為對團隊凝聚力的影響。體育與運動，101，34-40。

張志成（民 85）。運動團隊凝聚力概念之探討。大專體育，28，111-117。

張文財（民 92）。國小籃球隊知覺教練領導行為、團隊凝聚力與成績表現之研究。屏東師範學院體育教學研究所碩士論文。

郭添財（民 92）。國小桌球選手知覺教練領導行為與團隊凝聚力之研究。臺北市立師範學院國民教育研究所碩士論文。

郭修廷（民 92）。團體之凝聚力與發展條件。諮商與輔導，210，26-30。

許銘華、李建志（民 92）。運動團隊凝聚力初探。興大體育，7，167-174。

莊艷惠（民 85）。教練領導行為對團隊凝聚力及內在動機的影響。國立體育學院體育研究所碩士論文。

黃寶雀（民 90）。團隊凝聚力對運動團隊的影響。大專體育，53，92-97。

黃寶雀、王俊明（民 91）。團隊凝聚力量表編製初步報告。國立
　　體育學院論叢，13(2)，91-104。

蔡秋豪（民 85）。運動表現與高中女子籃球隊團隊凝聚力之關係
　　研究。體育學報（體育學會），21，219-229。

蔡守浦、張志成（民 91）。團隊大小之團隊凝聚力差異研究。吳
　　鳳學報，10，195-201。

蔣憶德、陳淑滿（民 90）。教練領導行為與團隊凝聚力之相關研
　　究。體育學報（體育學會），30，195-206。

鄭芳梵、謝淑娟（民 84）。團體運動競賽項目中個人認知對團隊
　　凝聚力與作業能力之互動影響。北體學報，4，57-82。

劉選吉（民 89）。我國甲組成棒選手自我效能和集體效能與團隊
　　凝聚力間的關係及對運動表現的影響。國立台灣體育學院體
　　育研究所碩士論文。

賴珊珊、王克武（民 91）。導師領導、班級支持對班級承諾、班
　　級凝聚力及成績表現之影響--以嶺東技術學院 90 學年度班際
　　盃拔河錦標賽及大隊接力的參賽班級為例。大專體育學刊，
　　4(2)，45-54。

盧素娥（民 83）。大專籃球選手的知覺動機氣候與團隊凝聚力的
　　相關研究。國立體育學院體育研究所碩士論文。

羅明葵、林源明（民 92）。不同屬性之團體與凝聚力的關係。大
　　專體育，67，129-133。

譚愷悌（民 91）。轉換型領導對團隊凝聚力、群組效力與組織公
　　民行為之影響。世新大學觀光研究所碩士論文。

外文部份

Antonuccio. D. O., Davis, C., Lewinsohn, P. M., & Breckenridge, J. S. （1987）. Therapist variables related to cohesiveness in a grouptreatment for depression. Small Group Behavior,18 (4), 557-564.

Ball, J., & Carron, A. (1976). "The influence of team cohesion and participation motivation upon performance success in intercollegiate ice hockey. Canadian Journal of Applied Sport Science, 1, 271-275.

Bernthal. P. R., & Insko, C. A. （1993）. Cohesiveness without groupthink ： The interactive effects of social and task cohesion. Group and Organization Management, 18, 66-87.

Bird, A. (1977). Team structure and success related to cohesive-ness and leadership. Journal of Social Psychology, 103, 217-233.

Bollen, K. A. & Hoyle. R. H. （1990）. Perceived cohesion. Social Forces, 69 (2), 479-504 .

Bundmun. S. H., Soldz, S., Demby, A., Davis, M., & Merry, J. （1993）. What is cohesiveness. Small Group Research, 24 (2), 199-216.

Camon. A. V., & Brawley, L. R. （2000）. Cohesion. Small group rescarch, 31 (1), 89-107.

Carron, A.V. （1982）. Cohesiveness in sport groups ： Interpretations and consideration. Journal of Sport Psychology, 4, 123-138.

Carron, A.V., & Chelladurai, P. （1981）. The dynamics of group cohesion in sport. Journal of Sport Psychology, 3, 123-139.

Carron, A. V., Widmeyer, W. N., & Brawley, L. R. （l985）. The development of an instrument to assess cohesion in sport teams： The Group Environment Questionnaire. Journal of sport Psychology, 7, 244-266.

Cartwright, D., & Zander, A.（1968）. Group Dynamics. New York： Harper & Row, Publishers.

Cota. A. A., & Dion, K. L. （1993）. A reexamination of the structure of the gross cohesiveness scale. Educational & Psychological measurement, 53 (2), 499-507.

Cota, A. A., Longman, S. R., Evans, C. R., & Dion, K. L. （1995）. Using and misusing factor analysis to explore group cohesion. Journal of Clinical Psychology, 51 (2), 508-316.

Corey, M.S., & Corey, G.（l992）. Groups process and Practice. California： Brooks/Cole Publishing Company.

Corey, G.（1995）. Theory and practice of group counseling（4th ed.）. Pacific Grove, CA： Brooks/Cole.

Drecher, S., Burlingame, G. & Fuhriman, A. （1985）. Cohesion an Odyssey in Empirical Understanding. Small Groug Behavior, 16 (1), 3-30.

Edward. T. P. （1980）. Expectation composition and development of group cohesiveness across time periods. Psychological Reports, 47, 243-249.

Evans, N. J., & Jarvis, P. A.（1980）. Group cohesion： A review and reevaluation. Small Group Behavior, 11, 359-370.

Festinger, L., Schachter, S., & Back, K.（1950）. Social pressures in informed groups： A study of a housing project. NY： Harper.

Forsyth, D.R.（1983）. An Introduction to Group Dynamics. California： Brooks/Cole Publishing Company.

Fraser. K. L., & Russell, G. M.（2000）. The role of the group in acquiring self-defense skills： Results of a qualitative study. Small group research, 31 (4) , 397-424.

Fuhriman. A., & Burlingame, G.M.（1994）. Handbook of Group Psychotherapy. New York： John Wiley & Sons, Inc.

Griffith, J.（1988）. Measurement of group cohesion in U.S. army units. Basic and Applied social psychology, 9, 149-171.

Gruber, J., & Gray, G.（1981）. Factors patterns of variables influencing cohesiveness at various levels of basketball competition. Research Quarterly for Exercise and Sport, 52, 19-30.

Hogg, M. A.（1992）. The social psychology of group cohesivencss： From attraction to social identity. New York： Harvester Wheatsheaf.

Johnson. M. E., Fortman, J, B.（1988）. Internal structure of the gross cohesiveness scale. Small Group Behavior, 19 (1) , 146-152.

Johnson, D.W., & Johnson, F.P.（1994）. Joining Together - Group Theory and Group Skills. MA 02194： Allyn and Bacon.

LeUnes, A. D., & Nation, J. R. （1989）. Sport psychology. Chicago, IL： Nelson-Hall.

Littlepage. G. E., Cowart, L., & Kerr, B. （l989）. Relationships between group environment scales and group and cohesion. Small Group Behavior, 20 (1) , 50-61.

Martens, R., & Peterson. J. （1971）. Group cohesiveness as a determinant of success and member satisfaction in team performance. International Review ot SporL Sociolo&y, 6, 49-61 .

Morran, D. K., & Stockton, R. （1980）. Effect of selfconcept on group member reception of positive and negativc feedback. Journal of Counseling Psychology, 27, 260-267.

Roark, A. E. & Sharah, H. S. （1989）. Factors related to group cohesiveness. Small Group Behavior. 20 (1) , 62-69.

Rogers. C. （1961）. On becoming a person. Boston ： Houghton Mifflin.

Rohde, R. I., & Stockton. R. （1992）. The effect of structured feedback on goal attainment, attraction to the group, and satisfaction with the group in small group counseling. Journal of group psychotherapy, psychodrama & Sociometry, 44 (4) , 172-181

Shaw, M.E. （1981）. Group Dynamics. New York： McGraw-Hill Book Company.

Stockton. R., Rohde, R. I., & Haughey, J. （1992）. The effects of structure group exercises on cohesion, engagement, avoidance, and conflict. Small Group Research, 23 (2) . 155-168.

Stokes, J. P. （1983）. Component of group cohesion. Small Group Behavior, 14 (2) , 163-173.

Stokes, J. （1983）. Toward an understanding of cohesion in personal change groups. International Journal of Group Psychotherapy, 33, 449-467.

Street. M.D. （1997）. Groupthink. Small group research, 28 (1) , 72-94.

Williams, J. M., & Hacker, C.M. (1982). Causal relationships among cohesion, satisfaction, and performance in women's intercollegiate field hockey teams. Journal of Sport Psychology, 4, 324-337.

Wood, D., Kumar, V. K., Treadwell., T. W., & Leach, E. （1998）. Perceived Cohesiveness and sociometric choice in ongoing groups. International journal of action methods, 51 (3), 122-138.

Wright, T. L., & Duncan, D. （1986）. Attraction to group. group cohesiveness and individual outcome. Small Group Behavior, 17 (4), 487-492 .

Yalom, I. D. （1995）. The theory and practice of group psychotherapy （4th ed. ）. New York, Basic Books ： A Divission of HarperCollins Publishers, Inc.

Yukelson, D., Weinberg, R. S., & Jackson, A. V. （1984）. A multidimensional group cohesion instrument for intercolle-giate basketball teams. Journal of Sport Psychology, 6, 103-117.

附錄一：運動團隊凝聚力因素分析問卷

　　本問卷旨在瞭解乒乓球運動選手對球隊凝聚力之相關因素，並由各位填寫的寶貴資料，分析問卷以利往後各校運動代表隊之組訓工作，敬請以客觀角度填寫問卷。並祝身體健康、學業進步。

※您目前參與隊伍：

　　□小學　□國中　□高中　□大專以上　□社會(乙)
　　□社會(甲)目前隊伍（校）名稱＿＿＿＿＿＿＿＿

德霖技術學院　白慧嬰

第一部份：您的相關基本資料

（一）性別：

　　□男　□女

（二）年齡：

　　□10 歲以下　□11~12 歲　□13~16 歲　□17~20 歲
　　□21~22 歲　□23~24 歲　□25~26 歲　□27~30 歲以上。

（三）兄弟姊妹人數：

　　□1 人　□2-3 人　□4-5 人　□6 人以上。

（四）父母教育程度：

　　□國中以下　□高中職　□專科　□大學□研究所以上。

（五）父母職業：

　　　□軍公教　□勞工　□商　□農漁　□自由業□學生。

（六）年總收入：

　　　□30 萬以下　□31~60 萬　□61~100 萬　□100 萬以上。

（七）請問您幾歲開始練習？

　　　□7 歲以下　□7~10 歲　□11~12 歲　□13~16 歲

　　　□17~19 歲□20~25 歲　□26 歲以上。

（八）請問您實際參與該項運動的時間有幾年？

　　　□3 年以下　□3~5 年　□5~10 年　□10~15 年

　　　□15~20 年　□20~30 年　□30 年以上。

（九）請問您目前每週平均花費在該項活動的時間有多少？

　　　□4 小時以下　□4~8 小時　□8~16 小時　□16~24 小時

　　　□1~3 天　□4~7 天。

（十）請您估計以前參加比賽之總場次？

　　　□0 場　□10 場以下　□10~50 場　□50~200 場

　　　□200~300 場□300 場以上。

（十一）請問您是否參加過全國性（大專盃）錦標賽？

　　　　□是　□否

（十二）請問您在參加過全國性（請註明名稱）比賽成績最好的

　　　　三次？（可複選）

　　　　□第一名_____□第二名_____□第三名_____

　　　　□第四名_____□第五名_____□第六名_____

第二部份：團隊凝聚力態度因素資料

很
不 不 沒 願 很
願 願 意　 願
意 意 見 意 意

1. 您是否願意付出額外的時間幫忙球隊聯絡相關活
   動事宜　　　　　　　　　　　　　　　□□□□□

2. 您是否願意付出額外的金錢幫忙球隊聯絡相關活
   動事宜　　　　　　　　　　　　　　　□□□□□

3. 您是否願意繳納球隊年度費用　　　　　□□□□□

4. 您是否願意繳納球隊舉辦比賽或友誼賽之費用　□□□□□

5. 您是否願意參加球隊出訪較遠地區之友誼賽　□□□□□

6. 您是否願意在比賽結束後幫忙清理球隊製造之垃圾　□□□□□

7. 您是否願意整理維護球隊經常使用或固定練習之
   球場　　　　　　　　　　　　　　　　□□□□□

8. 您是否願意整理維護友隊的球場　　　　□□□□□

9. 您是否願意幫忙球隊聯絡其他球隊進行友誼賽　□□□□□

10. 您是否願意幫忙球隊在比賽或友誼賽以外的練球　□□□□□

11. 您是否願意幫忙指導技術比您差的隊友　□□□□□

12. 您是否願意被技術比您佳的隊友指導　　□□□□□

13. 您是否願意參加球隊舉辦的隊員聯誼活動　□□□□□

14. 比賽時，若隊友對您的小小失誤而加以責罵，內
    心是否願意接受　　　　　　　　　　　□□□□□

15. 比賽時，若隊友對您的大大失誤而加以責罵，內
    心是否願意接受　　　　　　　　　　　□□□□□

16. 比賽時，您是否願意傳球給球技較差的隊友，並
    與之配合以提升隊友的實力　　　　　　□□□□□

17. 比賽時，您是否願意遞送茶水或毛巾服務隊友　□□□□□

18. 當隊友的意見與您不一致時，您是否願意參考隊
    友的意見而修正您自己的意見　　　　　□□□□□

19. 新隊友剛加入球隊時，您是否願意幫助他儘快與
    其他隊友相處融洽　　　　　　　　　　□□□□□

20. 您是否願意在球隊活動以外的時間，幫助處理球
    隊其他成員的個人或家庭事務　　　　　□□□□□

　　　　　　　　　　　　　　　　　　　　很
　　　　　　　　　　　　　　　不不沒同很
　　　　　　　　　　　　　　　同同意　同
　　　　　　　　　　　　　　　意意見意意

21. 您總是樂於參加球隊的相關活動　　　　□□□□□

22. 比賽時，球隊對每位隊員的位置安排是很恰當　□□□□□

23. 球隊在正式比賽或友誼賽的整體表現，經常令人
    滿意　　　　　　　　　　　　　　　　□□□□□

24. 當球隊出訪較遠地區的友誼賽，總是能夠盡興而回　□□□□□

25. 比賽結束後，球隊總是會清理球隊製造之垃圾　□□□□□

26. 球隊總是會整理維護球隊經常使用或固定練習之
球場　□□□□□

27. 當球隊與其他球隊有不愉快的比賽經驗後，球隊
仍舊不計前嫌與對方進行友誼賽　□□□□□

28. 球隊經常主動邀約其他球隊進行友誼賽　□□□□□

29. 您是樂於穿上球隊的隊服參加比賽或友誼賽　□□□□□

30. 您的球隊是很受其他球隊歡迎的球隊　□□□□□

31. 球隊成員絕大部份是良好的學生　□□□□□

32. 球隊成員絕大部份彼此相處非常融洽　□□□□□

33. 球隊成員絕大部份在比賽時總是全力以赴　□□□□□

34. 比賽時，隊員們有很好的默契與配合度　□□□□□

35. 比賽時，若有隊員絆倒而受傷，大部份隊友會儘
快過去關心　□□□□□

36. 比賽時，球技較差的隊員，總是遭受其他隊員的
糾正或責罵　□□□□□

37. 當裁判的判決不很正確時，某些隊友常不太能接
受而指責裁判　□□□□□

38. 比賽時，隊員們常為了小失誤而互相爭吵　□□□□□

39. 與實力較強的球隊比賽時，隊員們總是顯得信心
不足而表現較差　□□□□□

40. 與實力較弱的球隊比賽時，隊員們總是顯得較輕

　　敵而粗心大意　　　　　　　　　　□□□□□

附錄二：運動團隊凝聚力因素分析問卷記錄表

編號	球隊層級 0	性別 1	年齡 2	兄弟姊妹 3	父母教育 4	父母職業 5	年總收入 6	幾歲開始 7	參與年數 8	每週時數 9	參賽場次 10	全國比賽 11	個人成績 12	社會凝聚力分數	工作凝聚力分數	凝聚力總分

國家圖書館出版品預行編目

桌球運動選手背景變項與團隊凝聚力關係之研究
= A study of the relationship between table tennis players'
background variables and group cohesiveness /
白慧嬰著. -- 一版.
臺北市：秀威資訊科技, 2005[民 94]
面；　　公分. --　參考書目：面
ISBN 978-986-7614-89-6（平裝）
1. 運動心理學

528.9014　　　　　　　　　　　　　　94000790

社會科學類　AF0016

桌球運動選手背景變項與團隊凝聚力相關之研究

作　　者 / 白慧嬰
發 行 人 / 宋政坤
執行編輯 / 李坤城
圖文排版 / 張慧雯
封面設計 / 莊芯媚
數位轉譯 / 徐真玉　沈裕閔
圖書銷售 / 林怡君
網路服務 / 徐國晉
出版印製 / 秀威資訊科技股份有限公司
　　　　　　台北市內湖區瑞光路 583 巷 25 號 1 樓
　　　　　　電話：02-2657-9211　　　傳真：02-2657-9106
　　　　　　E-mail：service@showwe.com.tw
經 銷 商 / 紅螞蟻圖書有限公司
　　　　　　台北市內湖區舊宗路二段 121 巷 28、32 號 4 樓
　　　　　　電話：02-2795-3656　　　傳真：02-2795-4100
　　　　　　http://www.e-redant.com

2006 年 7 月 BOD 再刷
定價：200 元

讀　者　回　函　卡

感謝您購買本書，為提升服務品質，煩請填寫以下問卷，收到您的寶貴意見後，我們會仔細收藏記錄並回贈紀念品，謝謝！

1.您購買的書名：＿＿＿＿＿＿＿＿＿＿＿＿＿＿＿＿＿＿

2.您從何得知本書的消息？

　　□網路書店　□部落格　□資料庫搜尋　□書訊　□電子報　□書店
　　□平面媒體　□　朋友推薦　□網站推薦　□其他＿＿＿＿＿＿

3.您對本書的評價：(請填代號　1.非常滿意 2.滿意 3.尚可 4.再改進)

　　封面設計＿＿　版面編排＿＿　內容＿＿　文/譯筆＿＿　價格＿＿

4.讀完書後您覺得：

　　□很有收獲　□有收獲　□收獲不多　□沒收獲

5.您會推薦本書給朋友嗎？

　　□會　□不會，為什麼？＿＿＿＿＿＿＿＿＿＿＿＿＿＿＿＿

6.其他寶貴的意見：＿＿＿＿＿＿＿＿＿＿＿＿＿＿＿＿＿＿＿

＿＿＿＿＿＿＿＿＿＿＿＿＿＿＿＿＿＿＿＿＿＿＿＿＿＿＿＿

＿＿＿＿＿＿＿＿＿＿＿＿＿＿＿＿＿＿＿＿＿＿＿＿＿＿＿＿

＿＿＿＿＿＿＿＿＿＿＿＿＿＿＿＿＿＿＿＿＿＿＿＿＿＿＿＿

讀者基本資料

姓名：＿＿＿＿＿＿＿＿＿＿　年齡：＿＿＿＿　性別：□女 □男

聯絡電話：＿＿＿＿＿＿＿＿　E-mail：＿＿＿＿＿＿＿＿＿＿

地址：＿＿＿＿＿＿＿＿＿＿＿＿＿＿＿＿＿＿＿＿＿＿＿＿＿

學歷：□高中(含)以下　　□高中　　□專科學校　　□大學
　　　□研究所(含)以上 □其他＿＿＿＿＿＿＿＿

職業：□製造業 □金融業 □資訊業 □軍警 □傳播業 □自由業
　　　□服務業 □公務員 □教職　□學生 □其他＿＿＿＿＿＿

To：114

台北市內湖區瑞光路 583 巷 25 號 1 樓

秀威資訊科技股份有限公司　　　收

寄件人姓名：

寄件人地址：□□□

（請沿線對摺寄回,謝謝!）

秀威與 BOD

BOD（Books On Demand）是數位出版的大趨勢,秀威資訊率先運用 POD 數位印刷設備來生產書籍,並提供作者全程數位出版服務,致使書籍產銷零庫存,知識傳承不絕版,目前已開闢以下書系:

一、BOD 學術著作—專業論述的閱讀延伸
二、BOD 個人著作—分享生命的心路歷程
三、BOD 旅遊著作—個人深度旅遊文學創作
四、BOD 大陸學者—大陸專業學者學術出版
五、POD 獨家經銷—數位產製的代發行書籍

BOD 秀威網路書店：www.showwe.com.tw
政府出版品網路書店：www.govbooks.com.tw

　　永不絕版的故事・自己寫・永不休止的音符・自己唱